哲学の最新キーワードを読む

「私」と社会をつなぐ知

小川仁志

講談社現代新書

2465

はじめに　「私」をアップグレードするために

ポスト・グローバル化する世界

今、私たちはどのような時代を生きているのだろうか？

「グローバル時代」という表現が人口に膾炙《かいしゃ》して久しいが、おそらくもうその時代は終焉を迎えつつあるのではないだろうか。

グローバル時代とは、国境を越えた相互依存関係によって、文字通り世界中の国が一つのｇｌｏｂｅ（地球）になった時代を指している。しかし、アメリカの保護主義や移民制限、イギリスのＥＵ離脱に見られるようなナショナリズム的潮流に鑑みると、私にはどうも時代が逆行しているように思えてならない。

では、単に時代が退行現象にあるのかというと、そうでもない。人々は、インターネットや世界的規模で信仰されている世界宗教によって、国境など気にせず本能や欲望のままにつながり合おうとしているのだから。その意味で、そうした混沌とした新しい世界状況を、「**ポスト・グローバル化**」と呼ぶことができるかもしれない。

それでは、このポスト・グローバル化する世界で、いったい何が起こりつつあるのか？

もう少し詳しく見ていくと、時代を規定する新しい物差しが浮かび上がってくる。大きく分けて、四つの新しい現象が世界規模で生起しつつあるように思われるのだ。

一つ目は、ポスト真実や反知性主義といった言葉に象徴されるような、あるいは再魔術化と呼ばれる世界宗教の隆盛に見られるような、**情緒的な決定が世界を動かす状況**である。その意味では、ここにアートの社会的重要性が増している現象を加えてもいいだろう。一言でいうと、**感情の台頭**とでも形容することができようか。

二つ目は、**哲学の世界で起こっている地殻変動**である。哲学の世界では、ここ10年ほどの間に、まったく新しい潮流が生じている。思弁的実在論やＯＯＯ《トリプルオー》（Object-Oriented Ontology：オブジェクト志向存在論）に代表されるような**思弁的転回**（speculative turn）のことである。これに新しい唯物論も加えてその特徴を描写するなら、理性を必ずしも重視しない、いわばモノ主体の世界観ということができるだろう。

哲学の世界の変化など取るに足らない、などと思わないでいただきたい。もちろん私の専門が哲学であることも、この新しい動きに注目する理由ではあるのだが、決してそれだけではない。古代ギリシアで哲学が誕生して以来、特に西洋社会では、あらゆる学問や制度の背景に常に哲学があったのである。こうした思弁的転回という視点も合わせて考えると、いま**脱理性時代**ともいうべき段階に入りつつあることがわかるだろう。

つまり、感情やモノといった理性とは対極にある要素が台頭してきたことで、西洋哲学の誕生以来不動の地位を占めてきた理性主義が、ついに揺らぎを見せているのだ。

そして三つ目の現象として、**テクノロジーの発達**が、その脱理性主義に拍車をかけているといっていいだろう。AI（人工知能）やインターネットの発達、また監視のためのテクノロジー等に反比例するかのように、人間の理性が存在感を薄めつつあるのだ。

その点では、四つ目の現象である**共同性の拡大**も、脱理性主義という枠組みの中で説明可能だろう。個人を主体に構築されてきたシステムが限界を迎え、今、様々な形での共同を志向し始めている。連帯のための思想といわれるプラグマティズムの隆盛、世界中に広がりつつあるシェアリング・エコノミーという発想は、まさにその典型だといえる。自分だけでなく他者をも幸福にするための思想、効果的な利他主義もその一つだ。

絶対知から〈多項知〉へ

こうした諸現象は、「我思う、ゆえに我あり」というデカルト以来の理性主義、そしてヘーゲルで頂点を極めた絶対知に象徴される理性中心の西洋哲学全体の終焉と見ることもできる。もちろん、モノに着目する西洋哲学の新たな潮流、思弁的転回は、ある意味で西洋哲学が自ら行き詰まりを突破するための模索としてとらえられる。それ自体は注目に値する動きであり、今後も議論が発展していくだろう。
しかし残念ながら、すでに多くの知識人たちが指摘し始めているように、それだけでは足りないのだ。思弁的転回だけでは、この複雑怪奇な時代状況を規定するまでには至らない。

だとすると、何が時代を規定する物差したりうるのか？　それはまさにこれまで述べてきた脱理性主義的な現象すべてである。つまり、従来の理性主義にとって代わろうとしている脱理性主義の多層的な知が、全体として時代を規定しようとしているのだ。

具体的には、**感情**、**モノ**、**テクノロジー**、**共同性**の四つの知を指すわけだが、これは単に複数の視点があるというだけではない。そうではなくて、この四つの知がそれぞれ重要な「項」としてあって、それらが「多項式」のように連接することによって、あたかも一つの多層な知を形成しているのである。

だから私は、これを**〈多項知〉**と呼ぶことにした。数学の多項式は、それを形成する各々の項がつながって、一つの解を出すことを前提にしている。いわば〈多項知〉によって導き出される「解」こそが、新しい時代の処方箋にほかならない。

あえていうと、〈多項知〉という言葉には、価値観が多様化する中で、多くの種類の幸せをもたらす「多幸知」という意味も込められている。誰もが同じ種類の幸福を目指すという前提のもと、それを実現するための知として西洋哲学は発展を遂げてきた。奇《く》しくもその頂点を極めたヘーゲルの哲学は、絶対知という名で知られている。

それに対して、私が掲げるこのポスト・グローバル化した脱理性の時代には、むしろ多様な幸福を実現できる〈多項知〉こそが求められるのである。

「絶対知から〈多項知〉へ」。時代は今確実に、新たな段階へと突入しつつあるのだ。

公共哲学とは何か?

〈多項知〉が社会を紡ぎあげようとするとき、自ずとそのやり方は従来のものとは異なってくる。私たちはまずこの点に注意しなければならない。社会をつくる知が変質しようとしているのだから、これまでと同じ構図、同じやり方が通用するわけがない。

自分と社会、つまり「私」と社会をいかにつなぐかを考察し続けてきた公共哲学は、大きな転換を求められているのである。これまでとはまったく異なる新たな公共哲学が求められているといっていいだろう。

その意味で本書は、新しい公共哲学を提案するものでもある。そこで初めに、公共哲学とは何かということについて少しだけ触れておきたい。というのも、公共哲学自体、学問の世界を越えて一般に広く知られているとはいえないからである。

もっとも、公共哲学的なもの自体は長い歴史を持つ。なぜなら、公共哲学とは、公共性に関する哲学であるから、公共性という概念が存在した時点ですでにこの世に成立しているのである。少なくとも事実としては。たとえば、古代ローマにはレス・プブリカという概念があった。これは共和国と訳されるが、プブリカが英語のパブリック（公共）の語源であることに鑑みると、まさにそれは公共性を意味していたといってよい。

あるいはもっと昔、古代ギリシアにおいてさえ、そうした意味での公共性は事実として存在していた。人々は公共圏ともいうべきアゴラ（広場）において、議論を戦わせていたのだから。そしてほかでもないその古代ギリシアのアゴラから、本格的な哲学が誕生したのである。その点では、哲学はその出自からして公共的なものであったとさえいえるだろう。

しかし、それらはあくまで事実としての公共哲学であって、学問として体系化されていたわけではない。公共哲学がその名を冠した学問として登場するのは、はるか後のことである。たとえば、『公共哲学』という名の本がアメリカのジャーナリスト、ウォルター・リップマンの手によって出版された1955年を起源とすることもできるだろう。

あるいは、学問としての公共哲学の祖とされるドイツ出身の女性現代思想家ハンナ・アーレントや、同じくドイツの哲学者ユルゲン・ハーバーマスが公共性をめぐって本格的な哲学の議論を始めたのも、やはり20世紀の半ばである。以後、政治を対象とした政治哲学の領域ともオーバーラップしながら、公共哲学はより広い射程を視野に入れ、公共にかかわるあらゆる問題を対象として扱ってきた。日本においてそれが東京大学出版会の叢書として一定の成果にまとめられたのは、2000年代初頭になってからである。

このように学問としての公共哲学の歴史は短いものの、それでも半世紀以上にわたる議論の中で様々な理論が提起され、すでにこの学問が何を指すのかについて、一定のコンセンサスを見出すのは不可能な状態にあるといってよい。

そこで本書では、いずれの議論にも当てはまりうる最も重要な要素に焦点を当てたい。本書を理解していただくには、その部分だけで十分である。それが先ほど記した、自分つまり「私」と社会をいかにつなぐかを考察する学問という定義にほかならない。

理性そのものをアップグレードする

この定義であれば、政治を対象にしようが、科学技術を対象にしようが、なんでも当てはまるはずである。こうして公共哲学の専門家たちは、これまで自分が社会にどうかかわり、どう社会を変えていけばいいのか議論してきたわけである。

ところが、今この定義をも揺さぶりかねない大きな問題が生じているのである。

理性的存在である「私」は、かつて意のままに社会をコントロールできた。しかしそのような牧歌的な時代は終わりを告げたのである。感情、モノ、テクノロジー、共同性という非理性的な力が「私」の頭上を越えて、いや「私」を排除して、ダイレクトに社会に影響を及ぼそうとしているのだ。

この状態を放置しておけば、やがて「私」は不必要な存在となり、この世は非理性によって支配される混沌としたものへと変貌してしまうであろう。その悲劇を防ぐための方策はおそらく一つだ。

新たに生起する様々な非理性と、従来の理性との関係を定義し直すことで、理性そのものをアップグレードすること——それこそが〈多項知〉の時代に求められる新たな公共哲学なのである。

つまり、本書を読むことで、新たな知と思考が身につき、読者自身が自らの理性をアップグレードすることが可能になる。これによって、時代を乗り切る、いや時代を切り拓くための指針と自信を手にできるであろう。

繰り返すが、公共哲学というのは、「私」と社会をいかにつなぐかを考えるための学問である。その「私」をアップグレードするということは、ひいては社会自体をアップグレードすることにもつながってくる。

具体的には、〈多項知〉を自らに取り込むことこそが、アップグレードの意味するところである。感情を豊かにし、モノを主体にした新しい思想を理解し、テクノロジーのもたらす未来を正確に把握し、共同性の広がりを視野に入れる。そのうえで理性を働かせるのだ。

もちろんそれは、口でいうほど簡単なことではない。

そこで本書では、誰でも理性をアップグレードできるよう、必ずしも哲学やテクノロジーに詳しくなくても理解可能な記述を心がけている。これにより、若い世代から年配の方まで、幅広い世代に読んでいただけるものと確信している。

新しい幸福の形を

本文に入る前に、ここで予め本書の全体像を概説しておきたい。この見取り図に沿って、関心のある項目から読み進めてもらえばいいだろう。全体は〈多項知〉を構成する四つの知をそれぞれ柱にした四部立てになっている。

まず第I部「感情の知」では、文字通り感情に支配される昨今の政治状況を分析する。とりわけトランプがアメリカ大統領になったことで注目を浴びる、**ポピュリズム**やポスト真実、反知性主義といった概念を中心に、分断する政治の乗り越えを模索する。

また、**再魔術化**とも称されるように、地球規模の宗教対立が再燃している現状を分析し、宗教対立への処方を試みる。同時に、アートが社会や政治に影響を与えている事例に着目し、ボリス・グロイスの「**アート・パワー**」に代表される芸術の可能性にも言及したい。

続く第Ⅱ部では、「モノの知」について紹介していく。ここでは今哲学の世界で起こっている新しい潮流、思弁的転回について、その理解を深めていきたい。具体的には、この新しい知の流れを作り出した張本人といってもよい、カンタン・メイヤスーの**思弁的実在論**を紹介する。

その後で、メイヤスーの反転バージョンともいわれるグレアム・ハーマンらのOOO《トリプルオー》について言及する。さらに、人間中心主義を改めようとする**新しい唯物論**の流れについて、そのパイオニアであるマヌエル・デランダの思想を中心に論じていきたい。

第Ⅲ部「テクノロジーの知」では、まず今ビジネス界において最もホットな話題の一つといってよいAIについて論じる。人工知能の能力が人間の知を超える臨界点ともいうべきシンギュラリティ。その後の時代を意味する**ポスト・シンギュラリティ**が、もう目の前まで迫っているとするレイ・カーツワイルの議論を中心に考察していく。

また、IoT（モノのインターネット）やSNSをはじめ、日常、ビジネス、そして政

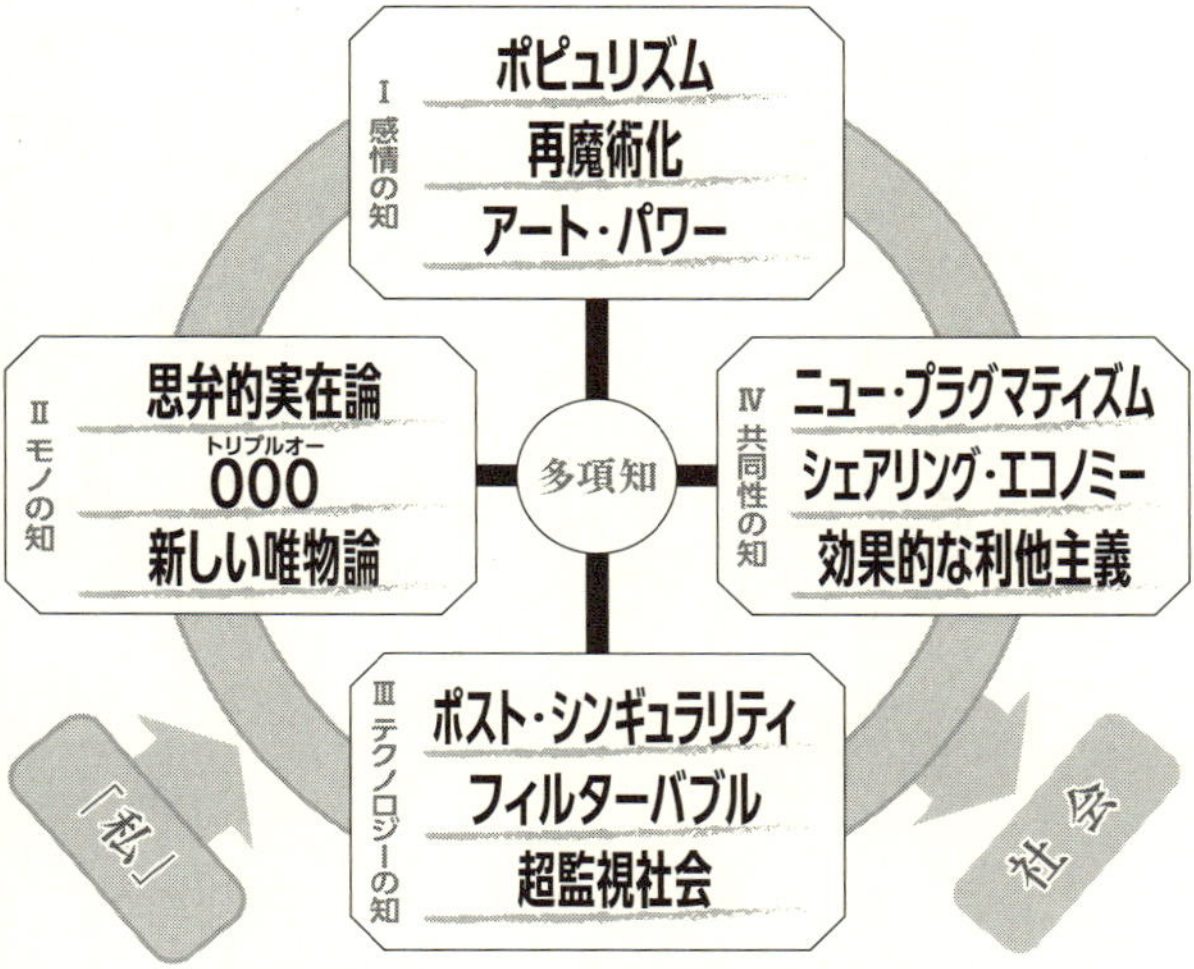

〈多項知〉が「私」と社会をつなぐ

治にも不可欠なインターネットについて、その抱える問題と展望をできるだけ多様な視点から紹介していきたい。最後に、そうしたインターネットをはじめとしたテクノロジーのせいで、私たちからプライバシーを奪い去る**超監視社会**の現状について、ブルース・シュナイアーなどの議論をもとに検証していく。

第Ⅳ部「共同性の知」では、まず、脱原発や環境問題など国論を二分する問題に関して、積極的な妥協によって対立の克服を試み、連帯を模索する**プラグマティズム**の最新の議論を紹介する。

また、ポスト資本主義社会に共有が

もたらす可能性について、**シェアリング・エコノミー**の現状を検証していく。最後に、自分と他者を同時に幸福にするための提案として、ピーター・シンガーの「**効果的な利他主義**」がどこまでの射程を持つのか考察したい。

以上の12項目にわたる分析を通じて、感情の知、モノの知、テクノロジーの知、共同性の知という四つの知を多項式のように接続したとき、はたしてどのような公共哲学が構築され、どのような解が浮かび上がってくるのであろうか。新しい時代を生き抜くためにはどうすればいいのか。最後まで読み進んでいただければ、その解はおのずと見えてくるに違いない。

最後に、本書のタイトル『哲学の最新キーワードを読む』について一言だけ触れておきたい。哲学に詳しい方ならおわかりかと思うが、本書で扱ったキーワードは、必ずしもすべてが哲学の分野の最新キーワードというわけではない。

ただ、いつの時代も、哲学以外の分野のキーワードが、時間と共に普遍性を帯び、やがて哲学用語になった例は枚挙にいとまがない。したがって、ここで取り上げた12のキーワードが、やがては哲学のキーワードとしてカテゴライズされる日が来るものと確信している。ぜひ時代を先取りするつもりで読んでいただきたい。

私の専門とする哲学の分野では、自ら考え、自ら解を出すことを奨励している。哲学の父ソクラテスがそうであったように、哲学者の仕事は対話の相手が自ら解を導き出す手助けをすることだけである。その意味で、私のまとめはもはや不要かもしれないが、あくまで一つの提案として、新しい公共哲学に関するさらなる展望を「おわりに」に記しておいたので、参考にしていただけると幸いである。

新たな時代に突入するときは、常に不安と期待が入り混じるものである。しかし、そんな瞬間にはそうしょっちゅう出くわすものではない。時代の転換点にめぐりあわせた幸運だと思って、ぜひ本書を片手に新しい幸福の形を模索してもらいたい。

わくわくするような知的興奮に駆られながら——。

目次

第Ⅰ部　感情の知

ポピュリズム、再魔術化、アート・パワー

1　政治は感情に支配されるのか？——ポピュリズム

ポピュリズムを乗り越え、本当の意味での民主主義を取り戻すにはどうすればいいか。感情が渦巻く政治の現実の中で、フェイクニュースやポスト真実といったあやうい情報に振り回されることなく、むしろ感情を飼いならすための新しい哲学を模索する。

反知性主義とトランプ現象

アメリカ大統領選にドナルド・トランプが名乗りを上げ、大方の予想を裏切る快進撃を続けるにつれ、反知性主義という言葉が人口に膾炙するようになった。そして、トランプが勝利を確実にし、イギリスがEU離脱を決めた2016年には、「ポスト真実《トゥルース》」なる耳慣れない言葉がオックスフォード英語辞書の「今年の言葉」に選ばれた。

さらにはトランプがアメリカ第一主義を実践に移し、フランスで極右勢力のマリーヌ・ル・ペン候補が大統領選で多くの支持を集めると、ポピュリズムという言葉が毎日のようにメディアに登場するようになった。

反知性主義、**ポスト真実**、**ポピュリズム**。これら三つの言葉は、それぞれ背景も出自も異なる概念ではあるが、しかし社会の同じ現象を説明するものとして、似たようなニュアンスで使われているように思われる。

そこで、まずはこれらの概念を話題になった順に検討していく。そのうえで、おそらくは最も重要で、かつ今なお喫緊の課題として日本社会にも広がりつつあるポピュリズムについて、新しい公共哲学を視野に入れながら考察してみたい。

なぜトランプの快進撃によって反知性主義という言葉をよく耳にするようになったのか。それは、トランプが一貫して知性主義を批判してきたからにほかならない。トランプは、エスタブリッシュメント、つまり既成勢力としての権威への批判によって支持を拡大した。具体的には、民主党の大統領候補ヒラリー・クリントンを攻撃するためである。

というのも、ヒラリーは元大統領の夫のもとで政権に携わり、その後国務長官としてオバマ政権を支えてきた人物で、エスタブリッシュメントそのものだったからである。さらに、その知的なバックグラウンドもあって、まさに知性主義の象徴ともいうべき存在であった。

そんな候補を攻撃するには、知性主義そのものを否定する必要があったのだ。では、反知性主義とは、いったいどのように定義されるのだろうか。

この概念は、もともとは政治史家のリチャード・ホフスタッターが、『アメリカの反知性主義』の中で明確にしたもので、知的権威やエリート主義に対して批判的な態度をとる立場を指している。

しかし、だからといって知性に反対しているのかというと、必ずしもそうではない点に注意が必要である。これは反知性主義という表現のせいもあって、よく誤解されている点だ。

実際、森本あんり著『反知性主義』では、次のように説明されている。

> 反知性主義は単なる知性への軽蔑と同義ではない。それは、知性が権威と結びつくことに対する反発であり、何事も自分自身で判断し直すことを求める態度である。そのためには、自分の知性を磨き、論理や構造を導く力を高め、そして何よりも、精神の胆力を鍛えあげなければならない。この世で一般的に「権威」とされるものに、たとえ一人でも相対して立つ、という覚悟が必要だからである。だからこそ反知性主義は、宗教的な確信を背景にして育つのである。

反知性主義は知性を全否定しているわけではなく、あくまで知性と権威との結びつきを否定するのだ。したがって、むしろ知性に対抗するための知性こそが求められる。

問題は、その知性に対抗するための知性が独善的になりがちな点だ。それはトランプの例を見るとよくわかるだろう。彼自身、名門ペンシルベニア大学ウォートンスクールを卒業しており、本来知性を備えたエリートのはずである。ところが、その知性は独善的と形容せざるを得ない。たとえばそれは、いかに理屈が通っているとはいえ、不法移民を防ぐためにメキシコとの国境に大きな壁を建設するといった言動からも明らかだろう。

信仰復興運動と結びつく

先ほどの引用に、反知性主義は宗教的な確信を背景にしているとあったが、独善性の原因はどうもこの部分にあるようだ。これを理解するためには、アメリカで反知性主義が生まれた理由にまでさかのぼらなければならない。

周知のように、アメリカはイギリスから植民してきたピューリタンの国である。そのピューリタニズムは極端な知性主義だった。

だからこそ、反動としてのラディカルな平等主義ともいうべき信仰復興運動（リバイバリズム）が起こり、それに伴って反知性主義が生まれたのである。つまり、反知性主義は、信仰復興運動と深く結びついているといっていい。

森本は、そうした信仰の部分を養分にして反知性主義は根を張っているのだとして、次のように分析している。

アメリカ人の心に通奏低音のように流れる反権威志向は、このようなところから養分を得て根を張っている。彼らは自分で聖書を読み、自分でそれを解釈して信仰の確信を得る。その確信は直接神から与えられたのだから、教会の本部や本職の牧師がそれと異なることを教えても、そんな権威を怖れることはない。よく言えば、これが個々人の自尊心を高め、アメリカの民主主義的な精神の基盤を形成することになるのだが、悪くすると、それはまことに独善的で自己中心的な世界観に立て籠もる人びとを作ってしまう。アメリカの反知性主義は、そのどちらにも発展する芽をもっている。

反知性主義はアメリカの民主主義を根底から支える強みであると同時に、独善的な政治を生み出す不安要素でもあるということだ。そう言われるとたしかに、反知性主義はアメリカという国の二つの側面を象徴しているように思えてくる。草の根の民主主義と、独裁的なリーダーが誕生する可能性。その意味で、反知性主義は諸刃の剣なのだ。

ところが残念ながら、２０１６年の大統領選挙では、諸刃の剣は悪い側面ばかりが目立ってしまったようである。その原因の一つが、トランプ大統領の当選にも深く関係するポスト真実《トゥルース》である。

ポスト真実という救世主

先ほども紹介したように、ポスト真実とは、オックスフォード英語辞書が２０１６年の「今年の言葉」に選んだことで話題になった用語である。トランプ大統領への支持をはじめ、ブレグジット（イギリスのＥＵ離脱）に象徴されるように、客観的な事実よりも感情的な訴えかけのほうが世論形成に大きく影響する状況を表している。

つまり、事実ではないことが感情を煽り、「誤った世論」が形成されてしまう事態を指しているのだ。この事態をつくり出す要素として、事実に基づかないニュースをＳＮＳなどで拡散するフェイクニュース（偽ニュース）が問題になった。時に意図的に流されるフェイクニュースは、もはや大統領選をも左右する威力をもっていることが証明された。

あるいは、権力者が明らかな嘘をいいながらも、それをオルタナティブ・ファクト（代替的事実）だと言い張る現象も、ポスト真実の時代に拍車をかけている。そこで、こうした現象に対抗するものとして、ファクトチェック（事実検証）や、背景を掘り下げて解説するスローニュースの必要性が叫ばれている。

それにしても、なぜ偽のニュースが大統領選挙を左右するほどまでに広がってしまったのだろうか。この点について、池田純一著『〈ポスト・トゥルース〉アメリカの誕生』では、次のように分析している。

アメリカ国内の多くの既存ジャーナリズムが、「トランプが大統領なんてないわー」とばかりにこぞってヒラリー支持に向かったため、トランプを好意的に取り上げるニュースフィードは、アメリカ国内では大して供給されなかった。その飢餓状態を突いたのが、海外で粗製乱造されたフェイクニュースだったのである。

池田のこの分析が正しければ、既存のメディアから無視されたことによってトランプの情報が手に入らなかったところに、あたかも救世主のごとく、フェイクニュースが現れた形になったわけである。しかもトランプの情報を求める人たちにとっては、トランプ自身がまさに自分たちの不満を代弁してくれる救世主のような存在である。

ここにおいてフェイクニュースは、ポピュリズムを加速する役割を担い始めたといっていいだろう。

ポピュリズムという反多元主義

ポピュリズムとは、一般に大衆迎合主義とも訳されるとおり、政治が大衆に迎合しようとする態度のことである。もっとも、実際には民衆のいうことをそのまま聞くのではなく、民衆から共感を得るようなレトリックを駆使することで、逆に政治家自らが望む変革を実現するカリスマ的な政治スタイルであるといえる。

民衆の側に不満が生じてくると、その不満を代弁するかのように、ポピュリスト政治家が現れる。そのためポピュリズムは、民主主義が機能不全に陥っていることの警告としてとらえられる。そして今まさに、世界中にポピュリズムという名の幽霊が徘徊しているのである。

では、なぜ民衆の不満は、ポピュリズムという形をとって立ち現れるのだろうか？

これはポピュリズムの本質について考えることにほかならない。ドイツ出身の政治思想家ヤン＝ヴェルナー・ミュラーは、『ポピュリズムとは何か』で、ポピュリズムを次のように定義している。

ポピュリズムとは、ある特定の政治の道徳主義的な想像 (*moralistic imagination of politics*) であり、道徳的に純粋で完全に統一された人民――しかしわたしはそれを究極的には擬制的《フィクショナル》なものと論じるが――と、腐敗しているか、何らかのかたちで道徳的に劣っているとされたエリートとを対置するように政治世界を認識する方法である、とわたしは提示したい。

つまり、人々が、ある特定の政治の道徳主義的な想像を抱き、それをエリートの政治と対置させる反エリート主義的なものだということである。したがってポピュリストたちは、そうしたニーズに合うような、口当たりのいい物語を提示する。あたかも単一の共通善が存在するかのごとく。

もし、そのような共通善が存在するなら、もはや政治参加は必要なくなってしまうだろう。ポピュリズムの問題はここにある。ポピュリストたちは、もともとある人民の主張を代弁しているのだから、エリート退治は自分に任せておけという態度をとることが許されてしまうのである。

しかし、ここで注意しなければならないのは、ポピュリズムが単なる反エリート主義とは異なる点である。先ほどの定義に付け加えて、ミュラーは次のように主張している。

> 反エリート主義者であることに加えて、ポピュリストはつねに反多元主義者である。つまり、ポピュリストは、自分たちが、それも自分たちだけが、人民を代表すると主張するのである。

つまり、他の考えや道徳を認めようとしない反多元主義こそが、ポピュリズムの本質なのである。一般にポピュリズムの本質には不満という民衆の感情があって、それが理性的な判断や理性的な政治を退けていると捉えられるが、ミュラーはその点をあまり重視しない。むしろ、多元主義の排除こそが問題だというのである。

そのせいで、ポピュリストたちは、政権をとった後も国に弊害をもたらしうるというわけだ。たとえばそれは、国家の植民地化あるいは「占拠」であり、大衆恩顧主義であり、差別的法治主義である。いずれも多元性を排除し、自らの立場を盤石のものにしようとする企みの表れである。

たしかにこれは大きな問題であって、国内に深刻な分断を生み出す結果につながるだろう。恩恵を被る者と、差別をされる者との分断が生じ、しかも両者の溝は永遠に埋まることがないのだから。

私もこのミュラーの反多元主義という議論には大いに賛同するが、どうしてもその背景には感情の問題があるように思えてならない。カリスマ的な政治家は、自らの主張に対する支持を拡大するために、民衆の感情をうまく操っているように思えてならないのだ。そのための手段として反多元主義があるのではないだろうか。

この点について深く考えるために、日本も含めたポピュリズムの一般的な現象を整理してみたい。

二つのポピュリズム

吉田徹はポピュリズムについて、「国民に訴えるレトリックを駆使して変革を追い求めるカリスマ的な政治スタイル」と定義している（『ポピュリズムを考える――民主主義への再入門』）。そのうえで、ポピュリズムが民主主義に固有のものであり、ポピュリズムを問うことが民主主義を問うことになると主張する。

その理由について吉田は、「民主主義に対する不信感や不満がポピュリズム現象となって噴出している」からだと指摘する。つまり、代議制民主主義がうまくいっている間はいいのだが、現在の代表者が行っていることに対して、民衆の側で不満が生じてくると、その不満を代弁するかのように、ポピュリスト政治家が現れるわけである。

吉田はそんなポピュリズムを、二つに大別する。一つは「ネオ・リベラル型ポピュリズム」である。これは利益誘導型の既存の政治に不満の矛先を向け、行政改革を断行するというタイプのポピュリズムだという。１９８０年代イギリスの首相サッチャーや、日本の首相だった中曽根康弘がその典型として例に挙げられている。

もう一つは「現代ポピュリズム」である。こちらは１９９０年代以降に現れたもので、イタリアのベルルスコーニ元首相やフランスのサルコジ元大統領、小泉純一郎元首相が典型例として挙げられている。安倍晋三首相もこれに当てはまるのではないだろうか。あるいは首相ではないが、大阪市長や府知事を歴任し、大阪維新の会を立ち上げた橋下徹元代表も、このタイプのポピュリストといっていいだろう。

ここで特徴とされているのは、物語の政治や敵づくりの政治といった要素である。物語の政治とは、「ストーリー・テリング」と呼ばれ、国民に対して特定の物語を提示するものだ。そこには、サクセスストーリーとしての政治家個人の生い立ちから、国民を一体化するための国家の物語までが含まれる。これは感情に訴えるのにぴったりの要素だといえる。

敵づくりの政治もそうだろう。敵をつくって攻撃すれば、必然的に感情的になる。もし自分に味方してくれる人たちが現れれば、感情と感情のぶつかり合いになるのは火を見るよりも明らかである。さらにこの物語の政治と敵づくりの政治が重なると、敵を倒す物語になってしまって、非常に危険な思想を生み出す結果となる。

実は、ポピュリズムが右傾化する原因もこれと関係しているといってよいだろう。ポピュリスト政治家が国民を一体化するために用いる物語には、本来の共同体に戻ろうというメッセージが込められることが多い。現行の民主主義の否定には、本来あるべきものが失われていると訴えるのが得策だからだ。前述の吉田も、次のように指摘している。

「本来の共同体のあり方」というのは、しばしば民族主義的・国家主義的な方向へとポピュリズムを向かわせることになる。ここでポピュリズムは、今度はナショナリズムとの接合点を持つにいたる。

安倍首相も橋下元代表も、ナショナリストと呼ぶには議論があるとしても、少なくとも保守主義の政治家であることは間違いない。そうした政治家がポピュリストとして待望される日本の現状には、やはりある程度の警戒が必要ではないだろうか。

ましてや今日本の政治では、平和主義を謳う第9条をはじめとした憲法の改正が俎上《そじょう》に載せられている。その意味で、いかにして感情を飼いならし、ポピュリズムの暴走を抑えるかということが、アメリカやヨーロッパ以上に喫緊の課題となっているのである。

スローイズム

ポピュリズムを飼いならすためには、なぜ今ポピュリズムなのかという問いに再度立ち返る必要があるように思われる。すでに見たように、ポピュリズムの本質は、扇動政治家への熱狂的な支持にあった。しかし、扇動政治家はこれまでの歴史の中にも多く登場してきた。その意味で、現代社会においては、国民の側に何らかの変化が起こっていると考えられる。

それは、①グローバリゼーションに起因する格差による不満と、②インターネットによる不満や怒り、つまり感情の高速的で（考える間を与えないことが扇動を加速しているという意味で）、広範囲で、かつインパクトの強い（写真や動画を多用する点で）伝播だといっていいだろう。とすると、これは民主主義の過激派思想とはいえないだろうか？

イスラムにおける現代の過激派思想は、まさに上記の①と②によってもたらされたものにほかならない。それがポピュリストの支持ではなく、テロ行為という形で表現されているだけだとも考えられる。

その証拠に、彼らもまた不寛容や排外主義を訴えている。ちなみに、ポピュリストは自分たちの敵を力ずくで排除するよう主張していることが多いので、敵対する側からテロの支持とみられてもおかしくない側面がある。いずれにしても、残念なのは、ポピュリズムもイスラム過激派も、ともに不満の原因が相手にあると主張することから、泥沼の戦いを招来する可能性がある点だ。

しかし、本当の原因は相手ではない。もっと別のところにある。それが、①グローバリゼーションのもたらす格差と、②インターネットのもたらす危うい情報の伝播なのである。

では、どうすればいいのか？　①及び②の原因を総合して考えると、「スロー」という概念が鍵を握るように思われる。①グローバリゼーションにはスローライフが、②インターネットのもたらす危うい伝播にはスローニュースが有効だと思われるのだ。ゆっくりと時間をとり、ゆっくりと考える。

つまり、感情に流されずじっくりと公共的な問題について考えるという意味で、公共哲学が求められているといっていいだろう。ポピュリズムに対抗できるのは、いわば「**スローイズム**」とも呼ぶべき新しい公共哲学にほかならない。これは私の造語だが、現代人の理性に最も欠けている要素だといってよい。感情の反乱を受け、理性は今改めてじっくり考えることの大切さに気付く必要がある。
それこそが、ここで求められる理性のアップグレードなのだ。

感情を飼いならす方法

そのような意味でのスローイズムの視点から、ポピュリズムを飼いならすための民主主義に関する提案を行いたいと思う。

たしかにミュラーのいうとおり、反多元主義がポピュリズムの根底に横たわっていることは間違いない。他の意見に耳を貸そうとしないポピュリズムは、その非妥協的な姿勢によって純粋さを保ち、結束を固めるのである。その点が民主主義との大きな違いであるといえる。民主主義は、絶え間のない変革を前提としたシステムだからだ。

民主主義とはよく誤解されているように、多数決のことでもなければ、選挙のことでもない。もっというなら政治参加でもない。ナチスの全体主義を持ち出すまでもなく、形式的な政治参加は時に非民主的でさえある。あるいはそれは、選挙における投票が義務になっている国のモラルハザードを見ても明らかだろう。

これらのいずれとも異なる真の民主主義とは、他者の声に耳を傾けることにほかならない。複数の人間が共に生きようとするとき、必ず他者とのすり合わせが必要になってくる。そのすり合わせ、共に生きようとする歩み寄りの姿勢こそが大事なのである。

政治参加を認め、異なる意見に耳を傾け、時に妥協しつつも変化していく。その絶え間ない変革のプロセスが民主主義の本質だといってよい。ところがポピュリズムは、自らの首を絞めることになるので、そうした変革を認めない。したがって、今私たちがすべきなのは、他者の声に耳を傾けられる状況を再構築することである。

社会が行き詰まり、国内外に解決の難しい問題が山積している中で、それを求めるのは難しい。だからこそ、誰もが不満を抱え、感情的になっているのだ（海外では経済格差、貧困、移民問題、宗教対立、テロ、戦争等、日本国内では、やはり経済格差、福祉、医療、教育、原発の是非、安全保障等が問題になっている）。

もちろん一番いいのは、そうした問題そのものを解決することである。しかし、ことはそう簡単ではない。

そこで考えるべきなのは、スローイズムによって感情を飼いならす方法である。不満はあっても、いったん受け止めることだ。感情的に反応してはいけない。もしそれができれば、ポピュリズムに対抗することが可能になるだろう。そのためには、変革を恐れてはいけない。私たちが聞く耳を持たないのは、自分が否定されるのを恐れるからだ。否定されて、変化することを恐れているのだ。これは決して困難なことではない。いい方向に変わる可能性もあると思えば、きっとできるはずである。

そのうえで、他者の状況や感情を想像することである。怒っているときは、自分のことしか主張しないものである。自分の言い分や理屈で頭がいっぱいなのだ。しかし、他者には他者の事情がある。他者の気持ちを自分に置き換えることによって、推し量るのだ。この想像には理性が求められる。

ここで断っておきたいのだが、私は何も感情そのものを否定しているわけではない。むしろその逆で、感情を正しい形で、知として使いこなすことを勧めているのである。だから感情を飼いならすように訴えているのだ。ポピュリズムは感情に支配されている状況であるが、それではいけないと言いたいのだ。

そうして最後は、誠実に相手と話すこと。自分と意見の異なる人と話すことは、民主主義の始まりであり、根幹でもある。ポピュリズムの問題は、真の意味での政治参加の欠如にあった。いわばそれは、意見の異なる人との対話の機会がない状態である。相手の声を聞かないことには、相手の本当の気持ちはわからない。

そんな話し合いをすると、言い合いになるだけだという人がいる。でも、変化を恐れず、相手を想像するように努めていれば、実りある対話が可能になるに違いない。もちろん、感情を素直に表しても何ら問題ないだろう。相手の話に耳を傾けている限り、感情は相手を攻撃するものではなく、反対に相手を理解するための知として機能するのである。それを感性と呼ぶこともできるだろう。その結果、お互いが涙するようなこともあるかもしれない。

そこに至る道のりは、決して楽なものではない。時間はかかるかもしれないが、スローイズムが必要なのだ。それによって可能になる感情を飼いならす民主主義だけが、徘徊するポピュリズムの幽霊から社会を守り、人々の日常に幸福をもたらしうるのである。

さもなくば、人々はポピュリストよりももっと過激な力、たとえば過激な宗教の力に頼ろうとしてしまうのではないだろうか。すでにその予兆はある。次に、再燃する宗教対立に目を向けたいと思う。

2　地球規模の宗教対立が再燃する——再魔術化

20世紀は戦争の世紀だった。そして平和が訪れるはずの21世紀は、残念ながらテロの世紀と化しつつある。その背景には、私たち人類が克服したはずの宗教対立があるといってよい。しかし、現代の宗教対立は、かつてのそれとは様相を異にしている。再魔術化する世界の中で、はたして再び和解の日は訪れるのか。その可能性を探りたい。

再び宗教の時代に

社会学者のマックス・ウェーバーは、キリスト教支配が終焉した後の近代の状況を、「脱魔術化」という言葉によって表現した。つまり、宗教の魔法が解けて、世俗化が進むだろうという予測である。実際、少なくともヨーロッパ社会においては、近代以降、世俗化の方向に向かったかのように見えた。

ところが、次第に明らかになっていったのは、それとはまったく逆の事態が生じているという現実であった。

グローバル化が進展する今、むしろ「**再魔術化**」とも呼ぶべき事態が生じている。ポスト世俗化社会は、宗教のはびこる社会だったことが明らかになったのである。

たしかにヨーロッパのキリスト教徒は減っているが、その代わりイスラム教徒が増えている。そしてキリスト教徒についても、アフリカを中心に信者が増えている。つまり、全体として世界は再び宗教の時代になりつつあるのだ。世の中が不安定になると、当然人々の不安は増大する。その中で、宗教に依存する人たちが増えるのは、ある種必然だ。

世界の合理化は、必ずしも世の中の安定をもたらさなかったのである。それどころか、21世紀に入り、グローバル化という名の混乱が、その不安定化に拍車をかけている。世界の不安定化と宗教が結びつく時代の到来を衝撃的に告げたのは、2001年9月11日に発生したアメリカ同時多発テロ事件だったのかもしれない。以後、広い意味での宗教対立は、イスラム過激派による西洋社会でのテロ行為という形をとって、もはや常態的に発生している。

いや、そのような過激な形だけでなく、政治的にも宗教が大きな力を持ち、合法的に政権をとるということさえ起こりうる。現にアラブ諸国だけでなく欧州でもイスラム系の政党が勢力を拡大している。このことは、グローバルにビジネスを展開する日本の産業界にとって、必ず踏まえておかなければならない重要な事実である。極端なことをいうと、ある日突然、どこかの国がイスラム系の国になる可能性だってありうるのだ。そうすると、ビジネス環境がガラッと変わってしまうことになる。

『服従』という小説をご存じだろうか？　フランスの作家ミシェル・ウエルベックによるベストセラー小説で、なんとフランスにイスラム系の大統領が誕生し、国民がイスラムに改宗させられるというストーリーだ。なぜこれがベストセラーになったかというと、この本の出版当日を狙って、イスラム過激派がパリの出版社を襲った、あの「シャルリー・エブド襲撃事件」が起きたからである。

この小説のメッセージは色々考えられるのだが、一言でいうと、ヨーロッパの伝統である理性が弱体化し、もはやイスラムに服従するしかなくなってしまった事態へのアイロニーだといっていいのではないだろうか。もちろんそれは、現実にはまだかろうじて命脈を保っているヨーロッパ的な知が消えてしまうことに対する警鐘でもあるわけだが。

いずれにしても、このような内容の小説がリアリティをもって受け止められる背景には、現実の中に再魔術化ともいうべき宗教の再燃と、しかもそれが異宗教同士の対立や、宗教集団と世俗社会の対立として問題化しているという現実が横たわっている。

自分だけの神を持つ

こうした事態にいかに対処していくべきか。

ドイツの社会学者ウルリッヒ・ベックは、著書『〈私〉だけの神』の中で、宗教のコスモポリタン化という提案をしている。つまり、世界中の誰もが、どこかの国民ではなく一人のコスモポリタン（世界市民）としてのアイデンティティを持つように、宗教においても自分だけの神を持てばいいという主張である。そうすれば、集団同士の対立はなくなるだろうから。

ベックはこうした議論が成り立つ前提として、世界におけるコスモポリタン化と個人化を挙げている。

> コスモポリタン化は宗教的なものの転換の外的側面を、個人化はその内的側面を表現したものだ。コスモポリタン化は宗教の脱ナショナル化、脱領土化を前提条件とする。もっとも、それによって宗教は同時に個人化もされる。なぜなら信仰が選択可能なものになり、信仰が何より宗教的自我の権威に結びつけられるようになるからだ。

つまり、世界の境界線が曖昧になる中で、必ずしも個人のアイデンティティが国家に縛られる必要がなくなってくる。それによって、選択する宗教に関しても個人化が可能になるということだ。ここでベックが周到にグローバル化という表現を避け、コスモポリタン化という表現を用いている点に着目する必要があるだろう。

ベックにいわせると、グローバル化はどこか外側で起こっていることであるのに対して、コスモポリタン化は自分の内側で起こっている。たしかに、政治思想でいうグローバリズムは外から押し付けられる印象があるのに対して、コスモポリタニズムは内側から変化していく印象がある。世界市民主義とも訳されるこの語の淵源が、カントの『永遠平和のために』にまでさかのぼれる点に鑑みるとき、個人が啓蒙されるプロセスとして、コスモポリタン化をとらえるのはあながち間違っていないだろう。

だからこそベックは、次のように、主体的な選択として人が自分だけの神を選ぶことを示唆しているわけである。

> 自分自身の神は選択可能な個人的神であり、自分自身の生活という親密な空間の中で確固とした場所を占め、明確な声を発する神だ。こうした神の個人化は、すべてを包摂する唯一の「あれか、これか」の宗教体系に沿って人間を統一的に分類できるという基本想定とは、きっぱりと縁を切る。

「あれか、これか」と迫るから争いが起きる。宗教は集団を形成することによって、別の集団を認めないという方向に凝り固まっていくのだ。それは歴史上もそうであったし、今なお現在進行形でそうした対立が起こっている。だから神を個人化すればよい。

宗教多元主義の限界

理屈としてはまったくその通りなのだが、問題はどうやってそれを実現するかだろう。すでに特定の宗教集団に属する人たちに、自ら納得してそのような選択をしてもらうのは容易ではない。あるいはこれから何らかの宗教を選択しようとする人たちに、自分だけの神を選びなさいと誰が説教をすればいいのか。

ベックは、コスモポリタン化のもたらす個人化がひとりでにそれを可能にするというのだが、現実は反対で、だからこそ人々は宗教でつながるようになっている（興味深いことに、ベックは日本ではそれができているというのだが、それは歴史的にそうだったからである。そうした歴史的文化的文脈を無視しては、この種の議論は成り立たないだろう）。

実はベックの主張は、原理としてはこれまで唱えられてきた宗教多元主義の系統にあるといってよい。そして従来の宗教多元主義が経験してきたのと同じ種類の壁にぶつかってしまっているような気がする。たとえば、宗教哲学者のジョン・ヒックは、信仰の特殊性や排他性を損なうことなく、同時に他の宗教に開かれた状態をいかにしてつくるべきかという困難な課題に取り組んできた一人である。

ヒックによると、あらゆる宗教に共通する信仰の核として「実在」という観念が存在するという。ところが、個々の文化においてそれを解釈する際、それが異なったものとして認識されてしまうのだ。つまり、個々の宗教が主張する真理は、実は同じものを違った見方で捉えているにすぎないというわけである。

たしかにそう考えれば、複数の宗教に独自の真理を同時に認めることが可能になる。しかし、ヒックのこの見方をあらゆる宗教に受け入れさせるのは至難の業なのだ。なぜなら、多くの宗教、とりわけ一神教の宗教は自分たちの神だけが唯一の神であると信じており、その信念は実在のとらえ方をも束縛しているからである。

ハーバーマスの三つの要求

宗教多元主義は基本的に、理想主義に根差しているといっていいだろう。そしてその理想主義ゆえに、あまりに突き進んだこの生々しい現実とはかけ離れてしまっている。そこで、宗教集団の存在を前提として、かつより現実的な解決策を模索する必要がある。

その点では、ドイツの哲学者ユルゲン・ハーバーマスの最近の議論が参考になる。ハーバーマスは、『公共圏に挑戦する宗教』の中の論考「政治的なもの」において、宗教的市民と非宗教的市民が互いに少しずつ妥協しなければならないと主張している。

具体的にハーバーマスが唱えるのは、両者が共に理性を公共的に使用することで、多元主義型市民社会の熟議政治を活発にすることである。歩み寄るためには、同じ土俵で議論すること、しかも開かれた態度で臨み、自らの考えをも変える可能性のある熟議が求められる。

それを可能にするために、ハーバーマスは宗教的言語から世俗的言語への翻訳の受け入れを提案する。そうすることではじめて、次のようにリベラルな目的が達成できるからだという。

> 公的に認められた法的拘束力を持つ決定はすべて、誰にでもわかる言葉づかいで提起されかつ正当化されると同時に、その言葉づかいの大もとにある公共的発言のポリフォニックな多様性を制限しないという目的です。

つまり、宗教共同体が民主的な共同体の成員であることを前提に、かつ彼らの教義に最大限の敬意を払いつつ、公共圏における発言のルールを規定していこうというわけである。それは、誰にでもわかる言葉を使うという民主社会の基本を確認するものだ。

かつてハーバーマスは、公共圏における開かれた対話を促進すべく、コミュニケーション的理性の必要性を訴えていた。すでにその際、誰にでもわかる言葉によって対話を行うべきことが主張されていたのである。したがって、ここでハーバーマスが提案しているのは、宗教対立へのコミュニケーション的理性の適用ということになる。

もっとも、ある意味では、これは通常の公共圏における熟議とは異なる配慮を要請するものだといえる。なぜなら、対立の根底に根深い価値観の相違が横たわっているからである。そこでハーバーマスは、宗教的市民と世俗的市民の両者が、相補い合う形で学習プロセスを営んでいかなければならないと主張する。

とりわけ宗教的市民には、次の3点を要求している。

●競合する宗教と道理にかなったかたちで関わること。
●日常的知識にかんする決定を制度としての科学に委ねること。
●人権という道徳律が定める平等主義の前提を宗教的信条と両立させること。

他の宗教を合理的に理解する、そして科学を物差しにし、人権に配慮する。近代合理主義に馴らされた私たちにしてみれば、これは当たり前のことに聞こえるかもしれない。そう感じる時点ですでに、宗教集団との認識の間に相当のギャップがあるのだろう。というのも、見方によっては、これは非常に厳しい要件であるともいえるからだ。この要件を満たすことが、ある特定の宗教にとっては、教義に反するといった事態さえありうる。

ただ、思い出していただきたいのは、あくまでこれらは、公共圏における熟議の際にのみ求められるという点である。だからこそ、世俗的市民の側にも、同様の妥協が求められる。それは、自分たちの抱いている道徳律も、もともとは宗教に由来する点に目を向けなければならないということだ。

どんな対立もそうだが、その解消にはお互いが歩み寄るよりほかない。日本では宗教対立というと、どうしても他人事のように見てしまいがちだが、誰もがグローバル社会の一員である以上、不可避的に当事者にならざるを得ない。その意味で、こうした歩み寄りは、私たち自身にも求められているという事実を念頭に置いておく必要がある。

理性と感情の弁証法

最初に確認したように、現代の再魔術化は、グローバル化のもたらす世界の不安定化に主たる原因がある。したがって、グローバル化がもたらす世界の不安定化そのものを解決すべきだという意見もあるだろう。しかし、そのためには先に対話が必要なのだ。

ここで立ち現れてくるのは、その対話自体が困難だという現実である。なぜなら、グローバル化のもたらす世界の不安定化が再魔術化の原因だとすると、そもそもの出自からして、現代の宗教を取り巻く現状は、怨嗟《えんさ》ともいうべき感情の渦に巻き込まれてしまっていることになるからだ。宗教対立がテロのような激しい暴力を伴い、憎しみが憎しみを呼び、どこまでもエスカレートしていくのはそうした理由による。

この感情の渦から純粋に宗教のみを救い出し、同じ民主社会の成員として共存していくためには、おそらくハーバーマスのとったような戦略が最も有効なのだろう。なぜなら、感情的対立が和らぐのは、いつも自分の側が折れることによってのみだからである。

これは人間である以上、誰もが経験的に知っていることである。しかし私たちは、同時にそれがいかに難しいことであるかも熟知している。

注意が必要なのは、決して理性だけで物事を解決しようとしてはいけない点である。そもそも再魔術化の遠因には、理性主義の過信が招いたグローバル化の暴走があった。宗教対立の背景には、すでに理性主義への懐疑が横たわっているのである。しかしだからといって、感情が渦を肥大化していく様子を傍観しているわけにもいかない。

私たちに求められるのは、だから、**理性と感情の弁証法**ということになるのだ。理性主義が孕《はら》んだ感情の渦という名のアンチテーゼを、いかに理性のみによらずして止揚していくか。ここで理性のアップグレードが求められる。

とりもなおさずそれは、感情に共鳴しつつ、同時に感情を飼いならす新しい公共哲学の模索にほかならない。その点で、ハーバーマスの提案する歩み寄りは、まだ理性主義に偏っているように思える。

今私たちに求められるのは、今一歩感情に寄り添う姿勢なのではないだろうか。つまり、先ほども触れたように、宗教的市民に要求する事柄は、世俗的市民もまた配慮しなければならないと考えるのである。

たとえば、宗教的市民に対して、日常的知識にかんする決定を制度としての科学に委ねることを要求するなら、世俗的市民は科学の意義そのものをもっと柔軟にとらえる必要があるだろう。あるいは、宗教的市民に対して、人権という道徳律が定める平等主義の前提を宗教的信条と両立させるよう要求するのなら、世俗的市民は、人権や平等主義の中身についても柔軟に解釈していく必要があるだろう。

このことについて宗教学者レザー・アスランは、著書『変わるイスラーム』の中で、次のように的確に指摘している。

政治家が民主主義を中東に導入すると語るとき、それはアメリカ流の非宗教的民主主義を意味し、決してイスラーム固有の民主主義ではない。

イスラームも民主化を目指している。しかし、その民主化は西洋社会が所与のものとする民主化とは異なるのである。少なくとも、宗教を公共の社会活動から排除することを主眼にしたイデオロギーであるはずがない。アスランの指摘から学べるのは、共有すべき概念の柔軟な解釈の必要性である。それがない限り、議論はいつまでも平行線をたどる。

意味獲得の動的プロセス

ハーバーマスのいう道理、科学、人権、道徳律、平等主義……。これらは皆多義的で、あいまいな概念である。それ自体、十分に議論の余地があるのだ。今一歩感情に寄り添う姿勢とは、こうした事実の自覚にほかならない。

そして実際に議論しなければならない。いわばそれは、各々の概念について哲学するということである。私たちが日常使う言葉は、それが人々の間で共有されていればいるほど、もはや意味を問い直すことはない。こうに決まっていると思い込んでいる。だから誤解が生じるし、ぶつかり合うのだ。

まずはその思い込みを疑うことから始めなければならない。そのうえで、意味を再構築していくのだ。対話を通して。道理や人権といった普遍的な概念は、これまでもそうやって意味を獲得していった。ただし、それは動的なプロセスなのだ。言葉は意味を獲得した瞬間から、すでに意味を失う定めにある。時代や環境の変化に応じて、新たな意味が求められてくるからだ。私たちには、その意味獲得の動的プロセスを自らの使命として引き受ける覚悟が求められる。

宗教対立に対峙しうる新しい公共哲学は、その覚悟とともにようやく産声を上げるだろう。

そしてその誕生とともに、宗教は本来の平静を取り戻し、逆に公共社会の中で大きな役割をはたすことになるだろう。人々の心を落ち着かせ、時に心震わせる役割を。それはあたかも芸術が持つ力に似ている。そう、実は今、アートもまた、この現実の社会において新しい大きなうねりを起こし始めている。そのアートの新しい力をここから確認していきたい。

3　アートこそが時代を救う——アート・パワー

これまでアートは、政治とは別のものであり、また政治ほどの影響力を持たないものだと思われてきた。しかし、本来アートは社会的なものであり、ある意味で政治以上の力を持ちうる存在だといっていい。そのアートを新たなパワーとして再構築し、閉塞状況から時代を救い出そうとする動きがある。

「アートで社会変えたい」

２０１７年３月11日。大きな被害をもたらしたあの東日本大震災からちょうど６年がたった日、日経新聞の文化欄にこんな見出しの記事が出ていた。

「アートで社会変えたい」

暴力、性差別、移民など社会が抱える問題に深く関わるアートの一形態「ソーシャリー・エンゲージド・アート（ＳＥＡ）」が注目を浴びているという。もともとは米国で始まった若者の反体制運動の影響がアートの世界にも及んだところにルーツがあるらしいが、日本では東日本大震災をきっかけに広がっているという。

アートは感情の表現だから、それが大きな事件や災害に影響を受けることは想像に難くない。しかし、ＳＥＡは単に悲しみや怒り、そして希望といった感情の表現にとどまらず、それが社会にかかわり、社会を変える力として位置づけられている点に特徴がある。

そんなアートと社会の関係を問い直すために、様々な分野の人間が集まって、社会とアートの関係性をめぐって議論する場、「社会の芸術フォーラム」を主宰する研究者たちが、『社会の芸術／芸術という社会』という本を上梓《じょうし》した。運営委員会の一人、北田暁大《あきひろ》は、奇しくもＳＥＡに言及しながら、その中で次のように問題提起している。

> 現在、日本のみならず世界各地で「アートの公共性」が問われている。その言葉は「アートの社会性」「アートの社会的な説明責任」と言い換え可能なのかもしれないし、実践の側から見れば「ソーシャリー・エンゲイジド（socially-engaged）である」ということを表現した言葉なのかもしれない。

ＳＥＡを論じるということは、アートの公共性を論じることにほかならない。アートそのものは、必ずしも公共的なものではない。しかし、それが不特定の人々の目に触れ、かつ影響を及ぼすことで公共性を帯びる。ＳＥＡはそんなアートの公共性をより積極的に利用しようというものだ。

北田は、そのアートの持つ公共性の部分が弱体化していると考えている。だからアートは、「日常・生活世界」「権力・権威・政治」等に深くかかわりながら、新たな社会的連帯を生み出す必要があると主張している。

ここには、本来アートには社会性があるべきところ、それが失われてしまっているという危機感を垣間見ることができる。前掲書のサブタイトルが「社会とアートの関係、その再創造に向けて」となっているのは、そのためだろう。

未来の遊園地

アートは、本来持ち備えていたはずの社会性を失ってしまった。それは商業主義がアートを単なる商品にしてしまったからかもしれないし、また逆に人々がアートや社会に対して無関心になってしまったからかもしれない。

いずれにせよ、大事なのはもう一度アートに社会性を取り戻すことなのだ。しかしそれはかつてとまったく同じ姿に戻すというのではなく、新たな世界を切り開くことでもある。だから再創造なのだ。

世の中は常に動いている。人々を取り巻く環境もそう。アートそのものも進化し続ける。そうなると、過去と同じではあり得ないのだ。それを象徴するのが、最近のアートとテクノロジーの関係だろう。『アート×テクノロジーの時代』の著者・宮津大輔は、チームラボ、タクラム、ライゾマティクス、ザ・ユージーンといった企業を紹介する中で、次のように言っている。

こうした伝統的な価値観と最先端技術を融合したハイブリッドな「最先端テクノロジー・アート創造企業」は、現在世界中で注目され、日本の国際的競争力を高める切り札として期待されています。

コンピューターテクノロジーという新たな力を得たアートは、今まったく新しい世界を創造しつつある。しかもそれがビジネスとして世界を席巻しているのだ。とりわけ宮津は日本発の企業を紹介しているが、テクノロジーの普遍性に鑑みるとき、その現象は世界中に普遍的なものと考えられる。

人類は、新しいツールを手に入れるたび、それを様々な分野で活用してきた。鉄、化学物質、そしてコンピューター。いずれも生活の用具としてだけでなく、アートを制作するためのツールとして、またアートの素材そのものとして活用してきたのである。

したがって、そうしたツールの社会における影響の大きさは、そのツールを活用したアートが社会において与える影響の大きさに比例するとも考えられる。

たとえば、コンピューターは私たちの生活を大きく変えた。それに伴って、コンピューターを使ったアートは、宮津が紹介しているように、現に社会的に大きな影響を及ぼしている。チームラボが展開する「未来の遊園地」には、私もかつて子どもを連れて行ったことがあるが、従来の遊園地の概念を覆すほどの衝撃を受けたのを記憶している。

少し前の話になるが、私たちが初めて体験した未来の遊園地では、こんなアトラクションが待ち構えていた。なんと自分の描いたオリジナルな魚が、まるで生命を吹き込まれたかのように、壁一面のバーチャルな水槽の中で泳ぎまわっていた。「お絵かき水族館」だ。まだ小学生だった子どもたちが、あたかも自分が世界をつくり出したかのように、満足げな笑みを浮かべていたのを思い出す。

そう、その瞬間、彼らは実際にその空間の創造者の一人となっていたのだ。私はそこに新しい公共空間のあり方を見たような気がした。遊園地は公共空間といえるが、その意味では、未来の遊園地は、公共空間のイメージをアートによって変えてしまったことになる。

無限で批評的なもの

これはほんの一例にすぎない。もし私たちが目にするアートが、このように私たちの社会とのかかわりを大きく変える力を持つようになれば、アートそのものが一つのパワーになるのも時間の問題かもしれない。

そのことを理論として提示しているのが、ロシアの思想家ボリス・グロイスだ。その名もずばり『アート・パワー』という著書の中で、グロイスはアートの持つパワーと公共性の関係について、詳細な議論を展開している。まずは彼の考えるパワーとしてのアートの意味から見ていきたい。グロイスは次のようにいう。

実際、芸術は常に、その全体性において世界を規定するような最高の力——それが神の力であれ、自然の力であれ——を表象しようと試みてきた。そうして表象することで、芸術は伝統的に自らの権威をこの力から引き出してきた。この意味で、直接的ないし間接的に芸術はいつも批評的なものであった。それは政治的な有限の力を無限のイメージ——神、自然、運命、生、死——と突き合わせるからである。

つまり、パワーの典型である政治の力は、実は有限であるのに対して、アートの力は無限だということである。そしてその場合のアートの力とは、批評的なものだというのだ。

たしかに政治がいくら力を振りかざしても、そこにはおのずと限界がある。いかなる暴君も、世界征服を成し遂げたり、永続的にその力を行使し続けることはできなかった。それに対して、そうした暴君を批評するアートの力は、無限に広がり、また永遠に影響を及ぼすことが可能なのだ（ナチスを批判したピカソの大作ゲルニカが、21世紀の今もなお人々の心をとらえてやまないことを想起していただきたい）。

グロイスは、そんな政治を批評するアートの力を、メディアのそれと比較している。たとえばメディアも戦争批判を試みるが、どうしても現状を肯定しがちである。そこには内在的な問題が潜んでいる。

彼によると、それはメディアが「今起こっていることに関するイメージしか私たちに見せないから」である。つまり、現在しか扱えないとなると、目の前の危機に際して、それを避けるための戦争という手段を肯定せざるを得なくなることがあるからだ。

これに対してアートは、「自らの時代を、歴史的な背景と比較するかたちで評価することができる」という。いわば過去と比較することで、今起こっていることを長い時間の中で冷静に評価することができるわけである。

前提を欠いた共同体

グロイスがいうように、これは単純な話である。テレビで爆撃される街を見れば、私たちは報復の衝動に駆られる。そして戦争肯定に傾くのだ。ところが、先ほど言及したピカソのゲルニカを見るたび、私たちは戦争の恐ろしさと愚かさを思い出し、戦争反対を唱えるだろう。これぞまさしく、アート・パワーにほかならない。

そのうえでグロイスは、そんなアート・パワーの公共性について議論を進める。アートは「公共空間へ向けられた発言」だというのだ。特に現代芸術は、そうした要素を持つようになっている。インスタレーション（展示空間を含めて作品とみなす手法）にしても、実験的なキュレーションによるプロジェクトにしても、その要素を熟考しているという。

つまり、鑑賞する人間が、共同体の一員となるように工夫されているわけである。グロイスはコンサートなどのマスカルチャーを引き合いに出しながら説明する。コンサートでは、人々は一時的に共同体と化す。

それは「徹底的に現代風の共同体」であり、「共通の過去を越えた共同体」、「前提を欠いた共同体」、「新しいタイプの共同体」だというのだ。

何が新しいか。それは、伝統と無縁な点である。いかなる共同体も歴史的文脈の中に成立する。それは強みであり、同時に限界でもある。伝統ゆえに変化することができず、時にそれを守るために閉鎖的になる。世界で起こっている移民排斥は、そうした伝統的な共同体の限界を示すものだといっていいだろう。

だから、前提を欠く新しい共同体にはポテンシャルがあるのだ。しかし、グロイスは、マスカルチャーはそのポテンシャルを十分に発揮できていないという。なぜなら、コンサートに来ている人々は、ステージだけを見ているので、自分が共同体の一員であることを意識できないのである。それはコンサートの目的ではないから。

アートが理性を呼び覚ます

現代アートがつくりだす共同体は、その点が計算しつくされている。観客は空間全体を一望する共同体の一員であり、彼らはそのことを意識するようにできている。だからグロイスは次のように結論付ける。

したがって、今日の芸術は純粋に形式的な地平において、社会的であるとともに政治的である。なぜならば、そこに関わった芸術家が政治的メッセージを意識するか否かにかかわらず、今日の芸術は人々が集い、共同体を形成する空間を映し出すからだ。

つまり、アートが共同体をつくり出し、人々がそのことに自覚的である限りにおいて、アートは社会的、政治的、そして公共的なものにならざるを得ないということである。共同体の役割は、自分が一人ではないことを人に意識させる点にある。共同体において人は、自分が他者によって規定され、互いに支え合っていることを意識する。グロイスはこれを「空間のなかでの身体の交換可能性」と表現している。

そう、私たちは共同体の中で常に自分と他者を置き換えることで、自分の振る舞いを決定し、社会のルールを決定しようとする。そのためには、他者を理解するための装置が必要になるが、アートという共同体こそ、その装置になりうるということだ。

前述の宮津は、『アート×テクノロジーの時代』の中で、抽象化することの重要性について言及していた。ここ数年、現代アートの世界では「抽象化」するという考え方が重要になってきているという理由について、次のように述べている。

それは具体的であればあるほど「遠く」で起こっていることが強調され、「身近」に感じることができなかったからだと想像できます。

誰もが、こうした現状に対するもどかしさを感じているからこそ、「抽象化する」ことが求められ、また、その重要性は、特に視覚芸術の分野で増々高まってきているのです。


ある特定の人の苦しみは、その人の苦しみになってしまい、自分にそれと同じ苦しみが降りかかるという想像をかえって弱めてしまう。逆に、その苦しみが抽象化されることで、それは普遍性を帯び、自分を含めた誰にも起こりうることだと想起できる。それが抽象化の持つ力である。

現代アートの持つその力は、新しい公共空間における新しい公共哲学を胚胎しているように思えてならない。だからアートの公共性を論じなければならないのだ。かといって、それは必ずしも政治的メッセージを持ったアートを増やそうというような話ではない。むしろアートそのものが政治のアクターであり、アリーナになりうる。その可能性を意識することが大事なのだ。

感情がアートを生み、そのアートが理性を呼び覚ます。共同体に生きる理性的存在としての人間を覚醒させるのである。本書で私が目指そうとしている非理性の対抗による理性の再創造は、そんな社会とアートの関係の再創造と明らかにシンクロしている。

そこには明らかに希望がある。

考えてみれば、感情はもともと人間の中に宿るものだ。したがって、たとえそれが反乱を起こしたとしても、まだ理性にはなすすべがある。ところが、モノの反乱はそういうわけにはいかない。モノは絶対的に私たちの外部に存在するからだ。第Ⅱ部では、そんなモノの反乱へと考察を進めていく。

第Ⅰ部のまとめ

第Ⅰ部では、ポピュリズム、再魔術化、アート・パワーというキーワードをもとに、多項知を構成する一つの項、感情の知について論じてきた。よくも悪くも人間は感情の生き物であり、不満が噴出すれば感情に訴えがちになるし、世の中が混沌としてくれば不安になる傾向があるのだ。

この場合、あふれ出す感情を受け止める対象として、カリスマ的な政治家や宗教が大きな力を振るうことになる。それは必ずしも悪いことではないが、その感情を負の方向にではなく、正の方向に持って行くための強靭な理性が、同時に求められなければならない。

同様に、アートの持つ力もまた、理性との協働によってはじめて社会に影響を与えうるものとなる。理性のアップグレードを目論む新しい公共哲学は、そうした感情や感性のもつ力を飼いならすという視点で構築される必要がある。

第Ⅱ部　モノの知

思弁的実在論、OOO《トリプルオー》、新しい唯物論

4 すべては偶然に生じている——思弁的実在論

第Ⅱ部では、哲学の新しい潮流に着目する。現代思想はとかく抽象的になりがちで、これから紹介する思弁的実在論もご多分にもれず超難解だといわざるを得ない。本書は本格的な現代思想の研究書ではないので、ここではできるだけ簡略に、かつその思想を理解するのに必要最小限の範囲の紹介にとどめている。

とはいえ、他の章に比較して抽象度が高くなっている点は否めない。したがって、難解だと感じられたら、先に他の章を読んでいただいて構わない。

ここからは、新しくエキサイティングな知の世界を見たいという読者に向けて、思弁的実在論とその周辺の思想を紹介したいと思う。

メイヤスーの相関主義

哲学イコール古典だと思われているきらいがあるが、決してそんなことはない。哲学にも最先端の思想や新しい潮流がありうるのだ。とはいえ、新しい潮流というのは、さほど大きなムーブメントにまでなることはない。現れては消えていくケースがほとんどである。しかし、**思弁的実在論**を中心とする思弁的転回の流れは、この10年ほどの間に思想界に大きなインパクトを及ぼしつつある。

その先駆とされるのが、フランスの哲学者カンタン・メイヤスーと、その紹介者であるアメリカのグレアム・ハーマンだといっていいだろう。メイヤスーは偶然性の時代を象徴する思弁的実在論を唱え、ハーマンはモノの時代を象徴する**オブジェクト指向存在論**（通称OOO《トリプルオー》）を唱えている。

ハーマンについては項を改めて論じるので、ここではメイヤスーの思弁的実在論を中心に読み解いていきたいと思う。

そもそも思弁的実在論という言葉が出てきたのは、2007年にイギリスのゴールドスミス・カレッジで開かれたワークショップがきっかけのようだ。そのときのオーガナイザーの一人がメイヤスーだったのだ。

メイヤスーは、主著『有限性の後で』を発表し、一躍注目を浴びることとなった。この本に序文を寄せている大御所アラン・バディウの後見も大きかったといえる。以来、『有限性の後で』は、思弁的実在論のバイブルのように扱われている。

ここでメイヤスーは、**相関主義**という概念を提起した。これは思弁的転回の潮流に共通するキーコンセプトだといっていいだろう。メイヤスーの定義を見てみよう。

こうした考察によって、カント以来の近代哲学の中心概念が相関［corrélation］になったのはいかなる点においてであったか、ということを把握できる。私たちが「相関」という語で呼ぶ観念に従えば、私たちは思考と存在の相関のみにアクセス［accès］できるのであり、一方の項のみへのアクセスはできない。したがって今後、そのように理解された相関の乗り越え不可能な性格を認めるという思考のあらゆる傾向を、相関主義［corrélationisme］と呼ぶことにしよう。

相関主義とは、物事が人間との相関的な関係によってのみ存在しうるという考え方であるといえる。たとえば、人間に見えるからそこに存在するとか、人間にとって硬いから硬いんだというような発想だ。すべての物事を人間中心に考えるとらえ方といってもいいだろう。

哲学の世界では、長らくこの相関主義を前提としてきた。ところが、メイヤスーはその前提に異議を投げかけたのだ。相関主義を前提にすると、人間が認識できないものは、思考できないことになる。

その思考できないものをカントは物自体と呼んだ。コップは人間が見たりさわったりできる範囲では認識可能だけれども、認識できない範囲になると、もう知り得ない。そして、人間の能力が有限である以上、そういう認識できない範囲は必ず存在するはずである。つまり、それがコップの物自体となる。

いわばメイヤスーは、相関主義を批判し、そこから抜け出ることによって、この物自体を思考する可能性について証明しようとしたわけである。

では、相関主義を抜け出るとすれば、いったいどんな方向に行けばいいのか？

ここがメイヤスーの思想の難解な点でありユニークな点なのだが、なんと彼は相関主義を徹底することによって解決を図ろうとした。

偶然性の必然性

人間中心に考える相関主義を徹底すると、人間には思考不可能な部分というのが必ず出てくる。そうすると、この世の中には人間の知らない部分が存在することになる。もしかしたら、この世界も今あるような形ではなくなってしまう可能性だってあるだろう。この世界がまったく偶然的に、別の世界に変化する可能性があるということだ。

そんなバカなと思われるかもしれないが、それはあくまで私たちの知っている限りでの常識に照らした判断にすぎない。私たちが知らないことがあるとしたら、その知らないことのうちの何かが原因で、とんでもないことが起こる可能性があるということになる。たとえば世界が明日急に原子のようにバラバラになるとか、逆回転を始めるとか。何があってもおかしくないのだ。しかもまったく偶然に。

こうして『有限性の後で』の副題にある「偶然性の必然性」ともいうべき事態が生じることになる。つまり、偶然の出来事は、必ず起こるのだ。

『有限性の後で』の翻訳者でもある千葉雅也は、『動きすぎてはいけない』の中で次のように解説している。

> メイヤスーは、第一の著作『アフター・フィニチュード――偶然性の必然性についての試論』（2006年）において、極端な偶然性の哲学を提示している。最大の主張は、世界の諸法則（物理的、論理的などの）が、或るとき突然、絶対の偶然性で、何の理由もなく、別のしかたに変化しうるという主張である。また、そもそもこの世界は、或るとき突然、絶対の偶然性で、何の理由もなく発生した。

偶然性の必然性というのは、この世界は偶然に支配されているということにほかならない。だから、ある瞬間にすべてがまったく変わってしまう可能性だってあるということになるのだ。そんなことをいうと、「これまでずっと世界が継続してきたことをどう説明するのか⁉」と反論する人もいるだろう。

同じサイコロの目が何万年も偶然に出続けるわけがないという確率論がそれだ。もし今の世界が毎日続いているのが偶然の連続にすぎないとするなら、サイコロを数万年間無数に振り続けても同じ目が出続けるという話になってしまう。でも、それはあり得ないだろうという反論である。

これに対してメイヤスーは、確率論自体がすでに偶然性の必然性という枠の外にあると批判する。かくして世界は、避けることのできない偶然性にさらされるわけである。

マルクス・ガブリエルの批判

この点にかみついたのが、ドイツの若き天才と称されるマルクス・ガブリエルである。彼は『なぜ世界は存在しないのか』というベストセラーで鮮烈なデビューをはたし、「新実在論」あるいは「新しい実在論」と呼ばれる立場を一躍世に広めた。

これは近代ドイツを象徴する哲学の一大潮流、ドイツ観念論を更新しようとする野心的試みである。

ガブリエルの哲学もまた、新たな潮流を作りつつあるという点では、思弁的転回と一緒に論じられがちである。しかし、両者の立場は異なる。

ガブリエルは、スラヴォイ・ジジェクとの共著『神話・狂気・哄笑』の中で次のようにメイヤスーを批判している。

> メイヤスーによる不安定性と偶然性についての発言が一見したところどれだけ解放的で歓迎すべきものであろうとも、結局、彼は、その洞察を必然性の主張を用いることで補強しようとして、その一部を逸してしまっている。実際絶対的な偶然性にコミットしているにもかかわらず、メイヤスーは、究極的な法則が、すなわち、カオスの自己規範化を必然的に支配する非理性の原理が存在するはずだと信じている。

つまり、メイヤスーのいう「偶然性の必然性」は、必然的であると断言することで、逆になぜ必然なのかという問いがさらに求められる事態に陥ってしまうのである。そこでガブリエルは、主体の意義を強調しようとする。我々のあずかり知らぬところで、あたかも世界が一変するようなことが起こるはずはないと。

なぜ世界は存在しないのか

この主張の背景にあるのが、新しい実在論なのである。

ガブリエルは、『なぜ世界は存在しないのか』の中で、ある山が見えるというとき、実際に存在するその山だけを意味するのか、それとも色々なところからその山を見ているすべての人の視点をも意味しているのかについて、いくつかの立場を紹介したうえで、次のように述べる。

こうして新しい実在論が想定するのは、わたしたちの思考対象となるさまざまな事実が現実に存在しているのはもちろん、それと同じ権利で、それらの事実についてのわたしたちの思考も現実に存在している、ということなのです。

つまり、この世界は観察者のいない世界でしかありえないわけではなく、また観察者にとってだけの世界でしかありえないわけでもないということだ。

私は車窓からしか富士山を見たことがないが、現実の富士山以外に、そんな私にとっての車窓からの富士山も存在するはずだ。もっというと、富士山など見たこともない海外の人にとっても、その意味での富士山は存在しているといっていい。これが新しい実在論なのだ。

このような前提に立って、数多くの小世界は存在するけれども、それらのすべてを包摂するひとつの「世界」は存在しないという結論が導かれるに至る。これが「世界は存在しない」ということの意味である。だからガブリエルは、他方で「世界以外のすべては存在する」と主張するわけである。

結局、ガブリエルの批判からもわかるように、思弁的実在論のような議論は、この世の中に対する不信を反映しているように思えてならない。これまで人間は、なんとかして社会をよくしようと努力してきた。いや、あがいてきたといったほうが正確だろうか。いずれにしても、近代というプロジェクトは、公共的な社会を人間という主体が築き上げるという大前提に支えられていたのだ。

「私」は存在しない

それが現代になって崩れ始めている。少し視点を変えると、バイオテクノロジーにせよ、原子力技術にせよ、AIにせよ、テクノロジーがもたらす矛盾は、もはや人間という主体を脇に追いやるプロセスに映るかもしれない。メイヤスーをはじめとした思弁的実在論を支持する哲学者たちは、そんなふうに少し視点を変えて現代社会を分析し始めたのだ。

その意味で、ここにもまた新たな公共哲学の萌芽が見られるのである。それは理性どころか人間をもまったく無化してしまうような、異質な公共哲学である。いわば非-人間中心主義の公共哲学。そこには、社会の他方の極にある「私」は存在しない。社会というかこの世は「私」などお構いなしに存在し、ある瞬間に消えてしまうかもしれない。

そこまでいうと、まるで不気味な世界を想像してしまうかもしれないが、必ずしもそうではないだろう。奇しくも千葉雅也は、思弁的実在論のこの10年の軌跡を総括し、その後を展望する中で、これを「不気味でないもの」という造語で表現している(『現代思想』2018年1月号)。

わかりやすくいうと、不気味の反対語が親密なものだとすると、近代以前の私たちに馴染みのある思想は親密なものだといえる。ところが、思弁的実在論以前のポスト構造主義と呼ばれる現代思想は、馴染みの思想の外部にある不気味なものだったのだ。したがって、さらにその不気味なものの外部としての思弁的実在論は、不気味ではないものと形容できるというわけである。

千葉の意味するところとは異なるが、この表現を借用するならば、「私」が存在しないことは不気味ではない事態としてとらえることも可能だろう。それはありうるのだ。この認識ができるのとできないのとでは、現実のとらえ方が大きく変わってくる。それによって公共哲学の射程は大きく広がるからである。

また、メイヤスーの思弁的実在論に限っていうと、偶然性にかかる部分も公共哲学にとっては大きな問題提起をはらんでいる。なぜなら、社会の安定性がまったくもって保障されないからだ。私たちの社会は、明日もまた同じことが起こり、それがほぼ永遠に繰り返されることを前提に制度設計されている。

したがって、もしそこが崩れるとしたら、いったいどのような設計をすればいいのか。極端なことをいえば、１００年もつようなインフラなど、お金をかけてつくる必要はないのか。

ハードだけではない。ソフト面もそうだ。人々の考え方や生き方も、もっと刹那的なものでいいというのか。少なくとも理屈上は、思弁的実在論からこうした発想が敷衍《ふえん》されることになる。

そんな世界観の中で、公共性なるものはいかにして可能になるのか。もう一つ別の角度からこの新しい哲学の潮流を検証してみよう。非‐人間中心主義どころか、より積極的にモノ中心主義を唱える哲学を。

5　独立するモノたち――OOO《トリプルオー》

グレアム・ハーマンの思想は、対象を扱ったものだ。それは必ずしも物には限らない。彼自身が挙げている例でいうと、ダイヤモンドやロープだけでなく、四角い円や架空の国から成る同盟もその中に含まれる。ならばそれを「モノ」と呼んでもいいだろう。ハーマンはその意味でのモノの新しい世界像を提示したといっていい。これまで見たこともないモノの世界の曼荼羅《まんだら》を見てみよう。

徹底的にバラバラである

明かりを消して、あなたが眠りにつくと、部屋の中のおもちゃが動き出す。そんなファンタジーのような世界が、実は現実なのかもしれない。

大人をも本気でそうした気持ちにいざなってくれるのが、アメリカの哲学者グレアム・ハーマンの唱える**オブジェクト指向存在論**（Object-Oriented Ontology）、通称OOO《トリプルオー》だといっていいだろう。何よりこのOOOという暗号のようなネーミング自体が知的好奇心をくすぐる。

思弁的実在論のところで書いたように、ハーマンはメイヤスーの紹介者であり、両者は一緒になって思弁的転回の潮流を牽引してきたといえる。いや、ハーマンこそこの潮流のプロデューサーとして、多くのシンポジウムや論集を仕切ってきた張本人である。

したがって彼もまた、他の思弁的実在論者同様、相関主義を批判し、非－人間中心主義を唱えている。ただ、ハーマンの場合、そこからモノだけの世界を想定するところに特徴がある。その意味では、厳密には思弁的実在論の哲学者ではないのだ。

『Speculative Realism: Problems and Prospects』の著者ピーター・グラットンは、この本の中で、ハーマンの「思弁的実在論のバージョンは、色んな意味でメイヤスーの反転した形」だと形容している。

その意味するところの一つは、千葉雅也が『動きすぎてはいけない』の中でうまく対比しているとおりである。つまり、メイヤスーは自然の斉一性を通時的に破壊し、ハーマンはそれを空間的に破壊したという対比である。

メイヤスーが偶然性の絶対化によって永続するものなどないと喝破したのに対し、ハーマンは「空間的な自然の八つ裂き」、いわばモノが徹底的にバラバラであることを明らかにしようとするのだ。

グレアム・ハーマンの描く世界

ハーマンの抽象的で難解な記述に取り組む前に、彼の思想をわかりやすく紹介してくれている本を手掛かりに、段階を踏んでアプローチしていきたいと思う。難解な思想の整理に定評のあるスティーブン・シャヴィロによる『モノたちの宇宙　思弁的実在論とは何か』がそれだ。シャヴィロはハーマンの思想の特徴を次のように解説する。

　ハーマンにとって、あらゆる対象は存在論的に等価である。なぜなら、あらゆる対象はお互いに等しく撤退して（ひきこもって）いるからである。ハーマンは、自律した、奥底にひそんでいる諸対象からなる奇妙な世界を措定する。そこでの諸対象は「あらゆる関係からひきさがっており、知覚や因果性だけでは決しておしはかることのできない実存をつねに兼ねそなえている。……宇宙は相互に排除しあう真空＝空虚につめ込まれた、捕まえどころのない様々な実体でいっぱいに満たされている」

これでもまだ難解だが、哲学、しかも最新の哲学なのでご容赦いただきたい。シャヴィロによると、ハーマンの描く世界では、モノも人間もすべてが対等の関係にあるという。さらに深遠なのは、あらゆるモノがひきこもって存在しているという部分である。言い方をかえると、モノ同士が関係しあうことはないのだ。

モノは人間とは独立に存在しているどころか、モノとモノの間にも何の関係もない。互いに独立するモノたち。そういう世界像を描いているわけである。たしかに現代の物理学に依拠すれば、その辺の小石だって量子のレベルでは常にエネルギーの変化を起こしているのだから、人間とは別の次元で生きているといえなくもない。

概念の曼荼羅

そこはわかるのだが、モノ同士がなんの関係ももたないというのはどういうことなのだろうか？　たとえば化学反応はどうなるのか？

OOOをさらに深く理解するために、いよいよハーマン自身が描く曼荼羅をのぞいてみたい。ハーマンは『四方対象　オブジェクト指向存在論入門』の中で、自身の思想を次のように図式化している。

本書が擁護する四方界の四つの極の名前は、ハイデガー自身のものほど詩的ではな

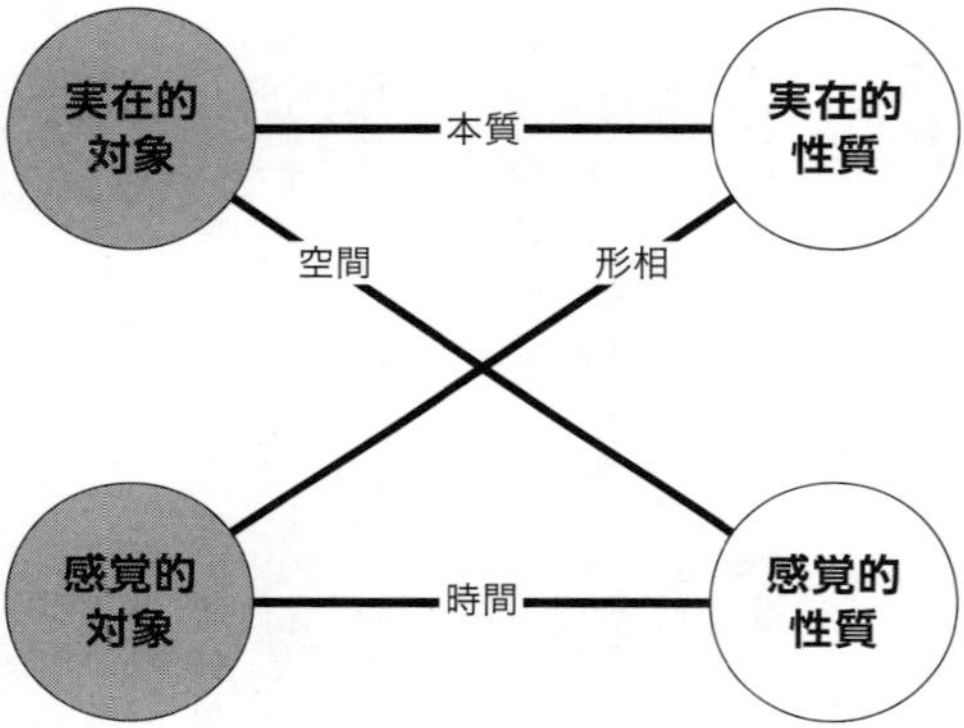

四方界（『四方対象』を基に作成）

い。大地・神々・死すべきものども、天空に代えて、私たちが提示したのは、実在的対象・実在的性質・感覚的対象・感覚的性質である。この最新モデルが、ハイデガーのものに比べ詩的な情緒を欠いているのは、砂漠のような光景の方が好ましいという悪趣味な美的選好のためでなく、私たちにとってのドラマが、四つの極そのものでなく、それらの間の緊張の内にあるためである。

現代ドイツの偉大な哲学者マルティン・ハイデガーは、天空・大地・神々・死すべきものどもの四つで、世界を把握しようとした。ハーマンはそれにならって、あらゆる対象の存在を四つの極の相互関係によって理解するための図式を提案しているのだ。ただし、本人も認めているとおり、ハーマンが提示しているのは、ハイデガーのように詩的で視覚に訴える世界観ではない。もっと抽象的な、概念の曼荼羅である。

つまり、実在的対象・実在的性質・感覚的対象・感覚的性質の四つである。これが本のタイトルにもある「四方界」にほかならない。

わかりやすいものからいくと、まず感覚的対象というのは、私たちの意識に現れる限りのあらゆる対象のことである。それにはコップのような実在の物だけでなく、鬼のような架空の物も含まれる。そうしたものは、自分の置かれた状況によってその都度姿を変えて立ち現れるはずである。コップは光の当たり具合によって色を変えるように。これが感覚的性質と呼ばれるものである。

これに対して、実在的性質というのは、物事の本質的な性質といっていいだろう。そして実在的対象とは、そうした性質を秘めた実在ということになる。それはハーマンのいう、ひきこもった状態にほかならない。

つまり、物事の本質は、普段はひきこもって隠れた状態にあるのだが、あるときふと姿を現すのだ。コップが空になってはじめて、コップの存在を意識するというように。こうしてあらゆる対象が互いに隠れた状態にあるため、互いに関係しあうことはないという理屈になるわけである。

どのように役立つのか？

さらに大事なのは、ハイデガーの世界像とは異なり、ハーマンが四つの極の関係性、緊張関係にまで言及している点だ。ハーマンはそれを時間、空間、形相、本質という四つの関係性で表現している。

時間とは、感覚的対象と感覚的性質の間の緊張関係を指す。なぜなら、感覚的対象として頭の中に浮かんだものが、実際に感覚的性質として角度や光の加減で姿を変える時、そこには時間的な変化を伴うはずだからだ。

次に空間とは、隠された実在的対象とそれに関連する感覚的性質との間の緊張を指す。なぜ隠された実在的対象なのかというと、どの場所にも隠された部分、つまりたとえその場に行っても私たちが知り得ない本質が存在するからである。その知り得ない部分と、私たちがその場で感じている部分の緊張関係こそが、ここでいう空間なのだ。

では、形相はどうか。これは感覚的対象と実在的性質の間にある緊張関係である。形相とはある物事をその物事たらしめている要素といっていいだろう。頭に思い浮かんだものが、その本質に迫るためには、感覚経験によってそれを把握するのではなく、知性の働きを通じてのみ可能だという。この知性の働く過程を、ここでは形相と呼んでいるのだ。

最後は本質だ。これは実在的対象と実在的性質の間にある緊張関係である。ハーマンはこれを、「隠れた実在的事物の内で起こっている、統一的で実在的な対象とその様々な実在的で隠れた特徴との間でなされる闘争のことだ」といっている。いわばモノの本当の姿は常に隠れているのだが、それが時折姿を現す関係のことを、本質と呼んでいるわけである。

以上のように、ハーマンの描く四方界は、実に周到に計算された、モノに関するまったく新しい世界像の提案だといっていいだろう。しかし、ここではたと疑問に思われる方もいるかもしれない。いかにすぐれていたとしても、はたしてこの抽象的な思想がいったいどのように役立つのだろうか、と。モノが私たちのあずかり知らないところで、互いに無関係に存在していると知って、いったい何が変わるのだろうか、と。

かくいう私も最初この新しい哲学を知ったとき、素朴にそう感じたのを覚えている。

モノが社会の中枢を担う

この点について千葉雅也は、雑誌『現代思想』の特集「思弁的実在論と新しい唯物論」で次のように語っている。

僕としてはOOOを、デリダやドゥルーズによって動物が問題にされて以後の、動物から非有機的なモノへという他者論の拡張、例えば、犬に加えて洗濯機も考えなければ、といった動きとして捉えています。ハーマン以外にも似た方向性の人がいて、代表的なのは、ブライアントや、ビデオゲーム研究者でもあるイアン・ボゴストなど。SR／OOOの応用に関しては、メイヤスーやブラシエよりは、OOOを応用する動きのほうが活発なように見えます。教育学に応用するとか、「オブジェクト指向文学理論」だとか……。

この他にも芸術の世界で、台北ビエンナーレが開催された際、OOOの影響が見られたという。哲学は一貫して人間を対象にしてきた。しかし現代思想はその領野を広げ、ついにモノにまで触手を伸ばしつつあるというのである。そしてモノの存在を新しい視角でとらえることによって、芸術、文学や教育といった老舗の分野だけでなく、ビデオゲームのような新しい世界でも注目されている。

その意味では、OOOの問題提起は公共哲学にとっても新しい視角となりうる。すでに何度か強調しているように、従来の公共哲学は、「私」と社会をどうつなぐかという命題の枠の中でのみ議論を進めてきた。それはモノが公共性や公共圏の主体として認識されることがなかったからである。

しかし、考えてみれば、今やモノは社会の中枢を担う可能性すら出てきている。IoT（モノのインターネット）、すなわち様々なモノがインターネットに接続されて情報交換することで、相互に制御する仕組みの登場によって、モノがあたかも自立した存在であるかのように世界のアクターとなり、また自律型のAIが人間の指示とは無関係に活躍を始める時、OOOは本格的に公共哲学の分野とクロスオーバーすることになるだろう。

公共圏の変質

つまり、私たちのあずかり知らないところでモノが変化したり、世界を変えたりしてしまうという事実を、予め公共哲学に組み入れるということである。いや、組み入れざるを得ないということである。

その場合、公共性や公共圏の概念自体が変質を迫られるであろう。たとえば、これまで公共の場とは、誰か人間が使う可能性のある場を意味していた。公園や電車、図書館といったように。でも、OOOがクロスオーバーする公共の場には、それらに加えて、誰も使わない場所も含まれて来る。獣道や廃墟、地中奥深くに至るまで。世界には、むしろそうした誰も使う可能性のない場所のほうが多いだろう。

そんなところまで公共圏とみなせば、膨大なルールが必要になってくる。なぜなら、公共圏とはそれが公共のものであるがゆえに、共通のルールが要求される領域だからである。

あるいは逆に、それは不可能なので、ルールの概念自体を転換する必要に迫られるかもしれない。これまでルールとは、適用範囲を限定し、その範囲にかかわりうる人間の合意のもとに形成されることを前提としていたはずである。ところが、その範囲が無限にあり、合意する主体も人間を超えたものにまで広がるというのであれば、もはやそれは宇宙の原理に近づくことになる。

前述のシャヴィロによる『モノたちの宇宙』という書名は、あたかもそれを暗示しているかのようである。具体的には、より宗教に近いスタイルのルールを志向することになるものと思われる。実際、既存の宗教の中にはこの宇宙の原理を説いているものが多く見られる。私たちの価値観や常識は大きな見直しを余儀なくされるだろう。

しかもそれが遠くない将来の話であることは間違いない。私たちはもう少し真剣にモノの存在について考える必要があるようだ。ただし、その中で人間が果たす役割を忘れてはいけない。思弁的実在論やOOOの主張からは、どうしてもその辺が見えてこない。

そこで、次にモノと心の関係を再定義しようとするもう一つの潮流、新しい唯物論に着目してみたい。

6　非-人間中心主義の行方——新しい唯物論

モノ中心の世界観が広がりつつある中、それを冷静に事実として受け止める一方で、私たちが別途考えなければならないのは、人間の立ち位置である。本書が目指すのは、理性の埋没ではなく、あくまで理性のアップグレードにほかならない。新しい唯物論には、そんな新しい人間の存在意義を見出すためのヒントが隠されている。

産業組織そのものが価値を生み出す

一般に唯物論とは、心や精神の根底には物質があるとする考えのことを指す。つまり、精神的なものではなく、モノこそがすべての根源にあるととらえる立場だといっていいだろう。では、新しい唯物論とはいったい何を意味するのか。

そのパイオニアとしてよく名前が挙がるのが、メキシコ系アメリカ人の哲学者マヌエル・デランダだ。彼が1996年に論文で「新唯物論（neo-materialism）」という言葉を使ったのが最初だとされる。
この点についてデランダは、雑誌『現代思想』が「新しい唯物論」という特集を組んだ際、「あなたの新しい唯物論的思想を、我々は非－人間主義的あるいはむしろ非－人間中心主義的唯物論だと評してもよろしいのでしょうか？」との問いに対してこう答えている。

マルクスと我々を結び付けているへその緒を絶ち切り、政治経済学を発明しなおすことは、左派としての我々の義務なのです。ドゥルーズとガタリは、この点に関してひどく失敗しています。
実際、マルクスの価値理論は人間中心主義的です。人間の労働だけが価値の源泉であり、蒸気機関や石炭、産業組織などはそうではないのです。したがってこの意味では、［あなたの質問に対する］答えは「イエス」であって、我々はそれを越えて進み、工業生産について改めて概念化する必要があるのです。

デランダのいう新しい唯物論は、物質の意義を重視する点で従来の唯物論と何ら変わるところはない。しかし、これまで唯物論の象徴であるかのようにとらえられてきたマルクスのそれが人間中心主義であるのに対して、新しい唯物論は非－人間中心主義だというのだ。マルクスはあくまで人間の労働こそが価値を生み出すとしたが、そうではなくて蒸気機関や石炭、産業組織そのものが価値を生み出すというのだから。

社会的実体と心の独立

この発想は、長らく私たちが前提としてきた、物を生み出す際の大原則の転換を迫るものである。私たちが前提としてきたのは、そうはいっても人間、少なくとも生命体の意志が物事を生み出し、世の中を変えるという考え方だ。もっと簡単にいうなら、私たちはずっと、脳がなければ価値は生み出されないという確信に満ち溢れていたのだ。

ところがデランダは、先ほどのインタビューの中でも、この点について次のように明確に否定している。

複雑な自己組織化する構造が、自らを生み出すのに「脳」を必要としていると考えることはばかげたことです。大気圏—水域圏のカップリングシステムは、絶え間なく構造（雷雨、ハリケーン、恒常的な大気流）を生み出し続けていますが、それは脳をもたないだけでなく、いかなる器官ももっていないのです。

たしかに自然現象は脳によって引き起こされているものではない。あるいは、いくつかの単細胞生物もそうだろう。これは説得力のある例だといえる。ただ、先ほどマルクスとの比較で挙げられた「蒸気機関や石炭、産業組織」という例には、人間の営みが介在しているのではないかという疑問が生じる。

この点を理解するためには、デランダの著書『社会の新たな哲学』を参照する必要があるだろう。デランダは、「社会的実体は完全には、心から独立しているのではない」というう。そのうえで、社会的実体が、私たちが社会について形成している観念から自律していることを認めるものでなくてはならないとする。

つまり、人間の心がまったく不要だというのではなくて、社会的実体と心とを独立のものとしてとらえないといけないというわけである。いわば、社会的実体と心には明確な役割分担があるのだ。社会的実体は存在し、心はそれを把握するという形で。社会は人間のあずかり知らないところで勝手に構成されていく。

しかし、それを意味あるものとしてとらえるのは、心なのだ。心が社会を理解し、意味あるものにするための枠のようなものを設定しているといってもいいだろう。その枠の一つが集合論である。

心はいかに関わっていくべきか

デランダは集合という概念を使って、社会的実体をとらえようとする。たとえば、都市は集合体としてとらえることができる。複数の住宅街や道路や公園が集合して都市が形成される。その集合体のどこかに勝手に人間が線を引いて、都市として理解しているにすぎないということだ。デランダは、『社会の新たな哲学』第五章「都市と国家」の中で、まさにこの例を挙げている。

この本の目的はそういった還元論的でない方法の利点を論じることであったが、その方法においては、すべての社会的実体が、より小さな規模で展開している実体のあいだの相互作用から創発してくるようにみえてくる。創発する全体は、それを構成する部分を拘束しそしてその支えとなるべく反作用するという事実があるからといって、それが隙間のない全体性へと帰結することはない。各々の規模の階層には相対的な自律性が保たれており、したがって分析においては真っ当な単位であるといえるかもしれない。

ここでデランダは都市の話をしている。集合同士が関係し合い、新たな価値を生む。それが全体になっていくのだ。だから決して隙間のない完璧な全体になることはない。それは最初からすべてが人間によって計算されつくしている場合の話だ。でも、そんなことはあり得ない。デランダは、そこを間違ってはいけないと指摘しているのである。

社会的実在、あるいは実在に対して、心が重要な位置を占めるという考え方は、そうした世界理解に慣れ親しんだ私たちをホッとさせると同時に、新たな難題に向き合わせる。それはモノが独立に存在するこの世界において、心はいかにそこに関わっていくべきかという問題である。デランダはモノの世界を把握するのが心の仕事だという。しかし、それではあまりに消極的なような気もする。

フランソワ・ダゴニェの試み

そのことを検証するために、もう一人まったく別の立場から新しい唯物論を唱えてきた思想家の声に耳を傾けてみたい。フランスの哲学者フランソワ・ダゴニェだ。

ダゴニェは、『ネオ唯物論』の中で、次のように述べている。

本書の企図が誤解される危険性があるかもしれない。すなわち、物質を称揚することは、観念の価値を低下させることになると思われるかもしれない。しかしいわゆる物質性の評価を拡大することは、観念の力を過小評価することではない。本書の意図はまったく反対である。実在が複雑であることが明らかになるにつれ、心的なものは実在的であるように見えてくるのである。つまりこの研究は、還元主義的なドグマを支持するのではなく、オペレーター、いわゆる基体の軽視に反対してなされる。われわれは、過度に二元論的な理論に反対し、それに反論を試みるのである。

ダゴニェもまた精神的なものを優位としてきた哲学の歴史に抗して、唯物論の復権を唱えている。しかし、物質性の評価を拡大することは、観念の力を過小評価することではなく、まったく逆だと明確に述べているように、むしろ唯物論の立場から心の意義について再定義を試みているといっていいだろう。

その証拠に、ダゴニェはこの記述に続けて、生命が物質の雲散霧消を防ぎ、意識が生命を延長し、救済すると主張している。そして人間はこのことを目指して技術を洗練させているというのである。

つまり、心は単にモノを把握するにとどまるのではなく、より積極的にモノに関わり、それを救済さえするという。これを社会における人間の営みという文脈に置き換えると、人間には社会を守るという役割があるといえるのではないだろうか。
もし新しい唯物論が、モノの台頭を認めたうえで、むしろこのことを強調しようとしているのなら、そこには大きな可能性があるように思われる。

やさしさの極へと引きつける

千葉雅也は思弁的実在論（SR）と新しい唯物論（NM）を対照し、その可能性について次のように語っている（『現代思想』の「思弁的実在論と新しい唯物論」の特集インタビュー）。

あえて粗略に言いますが、人文学的な態度というのは「ものごとを一つ一つ大切にしましょう」という態度ですから、その態度を延命させる方途としてNM的な試みはしばらく続くのではないでしょうか。これに対して、SRには、人間のいない世界、人間の絶滅といった「残酷」なモチーフがあることが重要でしょう。NMは「やさしさの人文学」のアップデートで、そちらのほうへSRの残酷さを馴致する動きがあるように思われる。控えめに整理するならば、不安定な政治経済の状況下において、やさしさを細やかに行き渡らせなければならないという切迫が一方にあり、同時に、どれほど気を遣っても明日どうなるかわからないという不安のほうに大きく振れることもある、という振幅を、NMとSRの双子状態が反映しているように思うのです。

すでに述べたように、モノをアクターとして措定する新たな公共哲学が求められているのはたしかだろう。しかし、決して人間が消滅してしまうわけではないのだ。思弁的実在論には、ときに人間の不在を感じさせる不気味さがあった。

千葉のいうように、今、世の中がやさしさと不安の両極に振幅しているとするならば、新たな公共哲学は迷うことなく、世の中をやさしさの極へと引きつけなければならないように思われる。そうしてはじめて、理性はモノに埋もれることなくアップグレードを実行することができるだろう。

この場合のやさしさの意味を私なりに敷衍するなら、それは共感であり、配慮であり、さらには献身でさえありうる。人間同士だけでなくモノに対しても共感するというのは、たとえば幼児がモノに感情移入して、木が寒そうといったり、お人形がかわいそうというあの感覚である。

やさしい大人はいつまでもそんな感覚を持ち続けるだろう。そしてモノに配慮もする。寒そうな木の雪を払ったり、かわいそうだと感じた人形の服を縫ったりというふうに。その延長線上に献身も起こりうるだろう。命より大事なモノなどという表現があるのは、その証拠だといってよい。

あえて一言でいうなら、このやさしさは感受性なのかもしれない。現代社会が消費社会化し、自然が失われ、機械に取り囲まれるにつれ、私たちの感受性はそうした現象に反比例するかのように失われていった。とりわけ日本に限っていえば、かつて存在した「もののあはれ」のようなモノへの感受性は、もはや文学における修辞として化石化してしまっている。

だからこそ、そんな感受性を高めることで理性はより豊かになり、ひいてはその理性によって導かれる公共哲学そのものが、世の中を共感と配慮と献身のあふれる空間へといざなってゆくと考えるのである。

しかしそのためには、モノよりもっと手ごわい相手と対峙する覚悟が求められる。それはより積極的に、人間から、いや理性から主役の座を奪おうと進化し続けるテクノロジーとの対峙にほかならない。

第Ⅱ部のまとめ

第Ⅱ部では、思弁的実在論、OOO《トリプルオー》、新しい唯物論をキーワードに、モノの知について論じてきた。初めにも予告しておいたように、かなり難解な内容であったのではないだろうか。

もちろんそれは、ここが純粋な哲学のテーマを扱ったものだからなのだが、それだけでなく、そもそもモノを主体に世界を理解することの難解さを象徴しているように思われる。これまで私たちは何事も人間中心に考えてきた。

私たち自身も人間であるし、長年の研究の蓄積もあり、人間のことはわかりやすい。ところが、モノはそういうわけにはいかない。しかし、モノは確実に社会のアクターとして躍り出ようとしている。そうである限り、モノと人間が共存できるような公共哲学を考えざるを得ないのである。その中で、人間の役割の問い直しが求められているといってよい。

第Ⅲ部　テクノロジーの知

ポスト・シンギュラリティ、フィルターバブル、超監視社会

7　ＡＩの暴走を止められるか——ポスト・シンギュラリティ

人類の未来を担う希望であるかのように崇め奉られているＡＩ（人工知能）。その期待に応えるかのように、ＡＩは日々急速な進化を遂げている。もはや人間の能力を超えるとされる技術的特異点、いわゆるシンギュラリティの到来は時間の問題で、私たちはその後を考える必要に迫られている。ポスト・シンギュラリティとはいったいどのような世界なのだろうか。今こそ真剣に想像をめぐらせなければならない。

牧歌的な共存の終わり

２０１６年３月、グーグル系の企業がつくった「アルファ碁」が、トップ級のプロ棋士を４勝１敗で圧倒したというニュースは世界を震撼させた。なぜなら、これまでのＡＩと違い、アルファ碁はディープラーニング（深層学習）という技術によって、人間と同じ方法で思考ができると報じられたからだ。

つまり、従来のＡＩの場合、人間がデータを解析して、その特徴をプログラムとして指示していた。それをＡＩが学習して答えを出していたのだ。ところが、ディープラーニングの場合、基本的には人間の脳と同じく、大量のデータを読み取った後、それを自分で順に学習していくというのだ。

ＡＩは、いくら優れているとはいえ、計算機にすぎないと思われていた。それが人間と同じ思考をするとなると、私たちのショックは大きい。なぜなら、彼らのほうがうんと処理能力が高いうえに、疲れ知らずなのだから。棋士たちも、当然ながら集中力ではＡＩにはかなわないという。

しかし、はたしてＡＩと人間は本当に同じなのだろうか？　そもそも人間とはいったい何なのだろうか？

かつてフランスの哲学者ルネ・デカルトは、『方法序説』の中で、人間と機械人間を対比して次のように論じていた。

> 理性がどんなことに出合っても役立ちうる普遍的な道具であるのに対して、これらの諸器官は個々の行為のために、それぞれ何か個別的な配置を必要とする。

この場合、普遍とはどこでもなんでも当てはまるということを意味するのに対し、個別とはある事柄にしか当てはまらないということを意味する。したがって、人間の頭が普遍的であるというのは、万能で無限であることを意味するわけである。これに対して、論理的に機械のほうはどこまでいっても個別の集合にすぎない。

デカルト以来、私たちはずっとこの考えに則って、ロボットと付き合ってきた。個別の集合にすぎないロボットは、たとえそれがＡＩなどと呼ばれるようになった後でさえ、いわば人間のシモベだったのである。だから今後もそうした関係を前提としがちなのはやむを得ない。

ところが、事情が変わったのだ。もはや私たちが思い描いていた牧歌的なロボットとの共存は終わってしまった。

ロボットが意識を持つ可能性

あたかも進化したペットのロボ犬と楽しく過ごすかのように描いていた未来は、音を立てて崩れ去りつつある。いや、もう少し正確にいうと崩されつつある。誰に？　ロボットによってだ。自分たちより優秀な存在が、シモベに甘んじているわけがない。

それでもまだ、対等な関係での棲み分けを展望する論者もいる。日本のＡＩ研究のトップランナー松尾豊は、『人工知能は人間を超えるか』の中でこんなふうに書いている。

　人間とコンピュータの協調により、人間の創造性や能力がさらに引き出されることになるかもしれない。そうした社会では、生産性が非常に上がり、労働時間が短くなるために、人間の「生き方」や「尊厳」、多様な価値観がますます重要視されるようになるのではないだろうか。

まさにそうなのだ。シモベにするのがダメなら、せめて共存関係を模索すべきだろう。その結果、人間の創造性が高まり、人間の価値が上がればバラ色の未来になる。ルーティンや複雑な仕事はロボットがやってくれるのだから。人間はクリエイティブな部分を担当すればいい。

しかし、ここで私たちは重要なことを忘れている。それはロボットが意識を持つ可能性だ。そうなると、彼らは単に人間より優秀になるだけではない。意識を持った存在を、こちらの思い通り動かせるはずがないだろう。家庭で、あるいは政治の世界で、人間同士でさえ互いをコントロールしかねている私たちが、どうやって自分より優秀な、しかもわかり合えるかどうかもわからない存在をコントロールできるというのか？

ＡＩは私たちの想像をはるかに超えて、指数関数的に進化していく。フューチャリストのレイ・カーツワイルは、『シンギュラリティは近い』で、そうした未来を明確に描いてくれている。そのターニングポイントとなるのが、**技術的特異点**、いわゆる**シンギュラリティ**にほかならない。

２０４５年に訪れる変化

カーツワイルの定義を見てみよう。

> シンギュラリティとは、われわれの生物としての思考と存在が、みずからの作りだしたテクノロジーと融合する臨界点であり、その世界は、依然として人間的ではあっても生物としての基盤を超越している。シンギュラリティ以後の世界では、人間と機械、物理的な現実と拡張現実《ヴァーチャルリアリティ》（VR）との間には、区別が存在しない。

カーツワイルは、そんな現実が２０４５年にも訪れると予測する。シンギュラリティというのは、ロボットが人間を追い越すという単純な話ではなくて、人間がこれまで生きてきた世界が変わってしまうことを意味しているのだ。人間とは何かという定義や、世界の

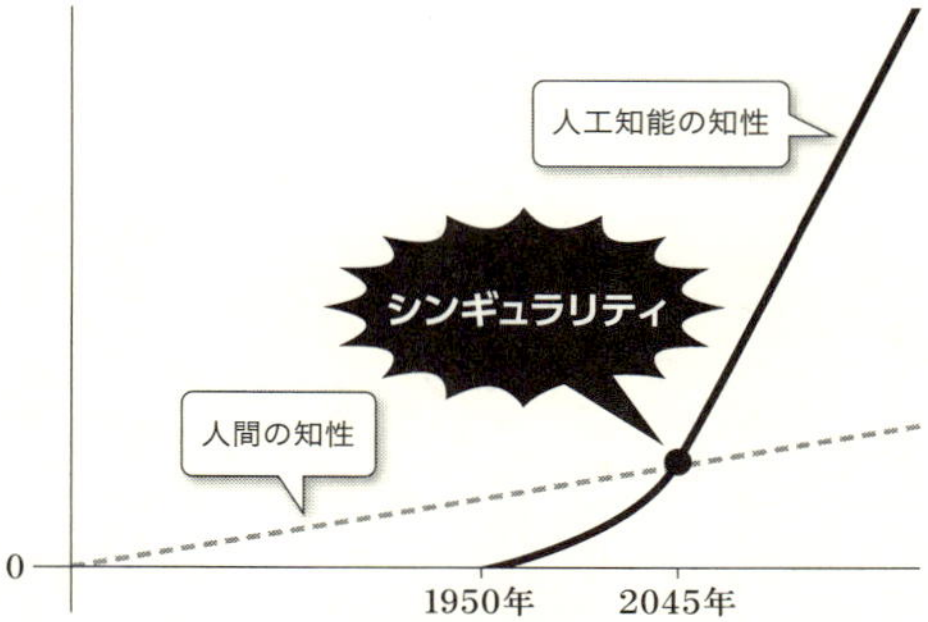

AIの指数関数的進化

ルールがすべて変わってしまうということだ。

ロボットという存在が人間と同じように意識を持てば、たしかに私たちの日常の風景はがらりと変わることだろう。ロボットの上司に叱られたり、ロボットと恋愛したりということも出てくる。いや、カーツワイルのいうように、ロボットと人間が融合することで、そのような二項対立さえなくなってしまうのかもしれない。それは、もはやロボットと人間などという区別が通用しなくなる事態を意味している。

しかし、ここでまだ一つ大きな疑問が残る。本当にロボットが意識を持つなどと、いったい誰が証明できるのだろうか?

哲学者のダニエル・デネットは、人間もヘモグロビンや抗体、ニューロンから構成されるロボットであるという前提のもと、著書『心はどこにあるのか』で次のように述べている。

わたしたちは、何兆もの巨大分子機械の集合物なのである。しかも、その巨大分子はすべて、複製能力を持つ原初の巨大分子を祖先とする。このようにして、ほかならぬわたしたちがそもそも意識の存在を示している以上、ロボットを要素として成り立っていて、かつ、真正な意識の存在を示すものがいることは可能なのである。

つまり、人間もある意味で細胞からできたロボットと同じであって、かつ、意識を持った存在なら、ロボットだって意識を持ちうるはずだということである。

それでもまだこう反論する人がいるかもしれない。人間の意識と、ロボットが持つという意識は別物だと。この問いに答えるには、人間の意識がどんなものなのかを正確に客観的に記述する必要があるが、それは不可能だ。なぜなら、意識がその個体の自己認識である以上、というかそう定義する以上、決してその個体以外の者には本当の中身は知り得ないからだ。

つまり、意識とは客観的記述が不可能なものなのだ。したがって、他の人間に意識があるかどうかということさえも、実のところ私たちにはわからない。

ということは、相手が機械であれ人間であれ、物理的に人間と同じ構造を持ち、そのうえで自分には人間としての意識があると主張する以上、他者は皆その主張を認めざるを得なくなる。つまり、結論的には、機械は意識を持ちうるということになるのだ。

目的を達成するためなら……

ここで先ほどの論点に立ち返りたい。ロボットをどうコントロールするか。意識があるなら、理屈も通じるだろうと考えたくなるのが人間だ。話せばわかるはず、と。実際、そのような認識から、従来のロボットに関する倫理を高度に発達したＡＩにも適用しようという考えはある。

従来の倫理というのは、アメリカのＳＦ作家、アイザック・アシモフが掲げた次の「ロボット三原則」のことだ。

第１原則——ロボットは人間に危害を加えてはならない。また、何もしないで人間が危害を受けるのを見過ごしてはいけない。

第２原則——ロボットは人間の命令に従わねばならない。ただし第１原則に反する命令はその限りではない。

第３原則——ロボットは自らの存在を守らねばならない。ただし、それは第１、第２原則に違反しない場合に限る。

つまり、ロボットは人間を優先するという最低限のルールだ。しかし、事態は根本的に異なることに多くの人がまだ気づいていない。

認知ロボット工学の専門家マレー・シャナハンは、これから起こるべき事態の本質について、『シンギュラリティ』の中で次のように指摘する。

われわれはまず、AIをややもすると擬人化し、感情のような主に人間的な原動力に動かされる存在であるかのように見ようとする癖からいったん逃れる必要がある。(中略)AIがどんな行動をとろうとも、どんな助言を提供しようとも、その核にあるのは、報酬関数の最大化を無情なまでに追求しようとする力である。

このシャナハンの指摘は、超知能ともいうべきシンギュラリティ後のＡＩを語るうえで、欠かすことのできない視点である。私自身、この指摘にはハッとした。

ＡＩが人間と同じ思考パターンを手に入れたからといって、人間と同じような常識を持つとは限らない。いや、むしろそうなる可能性のほうが圧倒的に低いといえるだろう。なぜなら、彼らの目的は、まさに目的の達成なのだから。しかもそれを徹底的に行おうとするはずだ。

シャナハンがペーパークリップの例を用いて戯画的に描いているように、クリップが必要なら、地球を破滅させてでもクリップを増やすことだって考えかねない。なぜなら彼らにとって、「すべては人間のために」などという目的は、決して暗黙の前提ではないのだから。

それに、最初は人間と同じ思考パターンを手に入れて発展するかもしれないが、そのうち別の思考パターンを見つけ出す可能性も大いにある。そうなるともう、人工知能は人間にとって計り知れない知的生命体と化す。その祖先は人間が生み出したものかもしれないが、彼らがいったい何を考えているのか、何をし始めるのか、私たち人間には皆目見当がつかないのである。

AIを止めるというオプション

だから私は、AIを進化させることは、得体の知れない宇宙人との共存を自ら招こうとするのに等しいと考えている。これはある意味でこれまでとはまったく異なる次元の公共哲学を考えることになる。得体の知れない生命体との公共哲学だ。

そして、おそらくそこに解はない。人類が公共圏のルールを形成するために使用してきたツール、理性が通用するのかどうかもわからないからだ。とすると、はたしてそこに待ち受けているのは、破滅だけなのだろうか？

このようなことをいうと、ＳＦまがいの空想にすぎないとか、可能性は極めて低いとしてさげすむ人たちがいる。特に科学者が哲学者の鳴らす警鐘に向ける視線には、いつも嘲笑が入り混じっている。しかし、シャナハンはいう。

このようなＡＩが実際に開発される危険性は、おそらく非常に低いだろう。だがそれが及ぼしうる影響の範囲を考えれば、その可能性を矮小化すべきではない。家が火事に遭う可能性は低いにもかかわらず火災保険に加入するのと同じで、実存の危機を招くシナリオが万が一にでも現実化したときを見越した研究と回避策の検討に人類のリソースの一部を充てるのは、きわめて合理的なことである。

可能性がゼロではない限り、そしてそのわずかな可能性が引き起こす結果が甚大なものである限り、私たちは備えなければならないのだ。それは原発の大事故を経験した日本人なら、もうよくわかっているはずである。

原発のアナロジーで考えてみよう。原発の事故を百パーセント防ぐ方法は一つ。それは原発の審査を厳格にすることでも、技術を高めることでもない。原発を止めることだ。幸い、自然エネルギーの急速な技術革新によって、それは現実に可能なオプションになってきた。

だとすると、得体の知れないシンギュラリティ後のAIによる暴走を防ぐ方法も一つだけということになる。つまり、AIの開発をこれ以上進めないこと。幸い人類にはこのオプションが残されている。おそらくこのオプションを取る確率はもはや低いといっていいだろう。でも、まだ間に合うのだ。

公共哲学は、中立な立場でものを見る。しかし、それが個人と社会のつなぎ方を考える学問である限り、そこには人間の幸福という前提があるはずだ。少なくとも人間の存在という前提があるのだ。

そうした視点に立つとき、AIを止めるというオプションも十分にありうる。世界的に有名な物理学者のホーキング博士がAIの開発に警鐘を鳴らしたことに、哲学者である私も遅ればせながら呼応したいと思う。哲学者のバートランド・ラッセルはかつて、原水爆の禁止のためにアインシュタインに呼びかけ、ラッセル・アインシュタイン宣言を実現した。

科学者と哲学者は、科学が誤った方向に進もうとしているとき、互いに嘲笑するのをやめて、手を携える必要がある。今そのときが来ているように思えてならない。ＡＩはもう十分に発展し、人類に貢献してきた。そして今の技術でも更なる貢献が見込まれる。

狂った理性としての非理性

後はどこで人類が欲望を抑えることができるかだ。

破滅に向かっているのがわかっていながら、あるいは思考停止によってその予測をすることなしにテクノロジーを発展させようとするのは、理性と呼ぶことはできない。それがいかに高度な知性のなす業であるにしても。それは狂った理性としての非理性にほかならないのだ。したがって人類の未来は、いかに理性が非理性を抑えられるかにかかっているといってよい。

問題はどうやって非理性を抑えるかである。そのヒントは、「狂った理性としての非理性」という表現の中にあるように思われる。つまり、ここで私が定義する非理性は、あくまで理性なのだ。理性とはまったく異質の、何か外部からやってくるようなものの話をしているわけではない。むしろ理性の内部から突き上げてくる衝動のようなものなのだ。

その証拠に、ＳＦに登場するマッドサイエンティストは、もともとは理性ある人物として描かれることが多い。それが何かの事件、多くは悲劇をきっかけに、理性を狂わせてしまうのである。

とするならば、彼を止める道はただ一つ。もう一度強い理性を取り戻すことである。私たち人類も同じである。欲望に駆られ、いつの間にか、客観的に見れば狂っているとしか思えない方向に突き進んでしまっている。殺人のためのロボット兵器を作り、今また人類を滅ぼしかねないＡＩを開発しようとしている（シャナハンの描いたペーパークリップのために地球を破滅させるＡＩのような）。したがって、この狂った状態を元に戻すには、理性を鍛え直すよりほかない。

テクノロジーの知に対抗するための新しい公共哲学には、だからより強靭な理性が求められるのだ。歯止めとしての健全な理性が。その点で、とりわけ緊急に歯止めが必要なのは、ＡＩよりも先行して普及したインターネットの世界である。

次はインターネットの現状を見てみよう。

8　インターネットが世界を牛耳る——フィルターバブル

インターネットはとてつもないスピードで進化し、あっという間にインフラとして日常の一部になってしまった。ところが、倫理も公共哲学も私たちの心も、そのスピードについていってはいない。インターネットに飲み込まれないようにするには、私たちの心をどうテクノロジーに追い付かせるか考えるよりほかない。その方途を探ってみたい。

排他的、不透明、不平等な存在

朝起きたらまず何をするか？　私の場合、パソコンのスイッチを入れる。では、寝る間際に何をするか？　やはりパソコンのスイッチを切る。つまり、朝起きてから寝るまで、ずっとインターネットに接続している。主にメールをはじめとした通信手段として、また情報を得る手段として、さらにはブログやＳＮＳ等でこちらから情報を提供するための手段として利用している。

哲学を専門とする研究者であり教育者なので、本を読み、考え、執筆するという時間は人より多いと思う。それでも、日常的に何らかの形で常にインターネットにつながっているのだ。その現実に鑑みたとき、ふと気づくのは、もはやインターネットで何か特別なことをしているのではなく、インターネットの中に生きているという感覚である。しかもそれはバーチャルなもう一つの世界などではなく、この現実の社会なのである。

ＭＩＴメディアラボの所長・伊藤穰一は、インターネットが登場する前の社会を紀元前になぞらえて、ＢＩ（Before Internet）と呼び、登場後の今の社会をＡＩ（After Internet）と呼んで区別している。ＢＩではすべてがシンプルで、予測可能だったのに対して、ＡＩ時代の今、物事が過度に複雑化し、予測不能になったというのだ。そして実はそれこそイノベーションに利する環境であると賞讃している。

１９９０年代初頭、本格的にインターネットが普及し始めてから、これまで多くの人たちがインターネットに期待をかけ、伊藤と同じように礼賛してきたといっていいだろう。たしかに電子メールやＳＮＳ、スカイプなど、私たちのコミュニケーションは飛躍的に進化し、世界中に計り知れないほどの富を生み出してきたのは事実だ。時間や空間の壁を飛び越え、多くの課題を解決してきた側面も見逃すことができない。

しかし、あれから30年近くがたとうとする今、他方でそれとはまったく反対の評価も出始めている。たとえば、シリコンバレーの内部からデジタル革命を批判しているアンドリュー・キーンは、『インターネットは自由を奪う』の中で、次のように述べている。

ウィンウィンどころか、じつは、インターネットは負のループを生みだしやすく、われわれユーザーを受益者ではなく被害者にしてしまう。解決策どころか、インターネットは相互につながる二一世紀の世界における、解決しなければならない重要課題である。

これはなかなか痛烈な批判だが、インターネットがグーグルやFacebookのような超勝ち組を輩出する一方で、そこから搾取される多くのネットユーザーという構図を生み出してしまっているのも否定できない。これはもはや新しい搾取の構造だといっていい。働いて搾取される従来の構造から、ネットを使って搾取されるという不可解な現象が生じているのだ。

しかも、この搾取はタチが悪く、搾取されている人間にそれと気づかれないようになっている。何しろ彼らは自分が好きでその搾取につながる行動をとっていると思い込んでいるのだから。そうでないとネットを好んで使うことはないだろう。

このような現実に鑑みてキーンは、多様性、透明性、開放性を売りにしているように見えて、実際にはインターネットが排他的、不透明、不平等な存在になっていると喝破するわけである。

ユーチューバーへの対処

経済的な不平等だけではない。インターネットはいまや犯罪の温床になっている。個人も組織も国家でさえも、インターネットを介して犯罪の被害に遭うのだ。皮肉なことに、インターネットを、可能性のあるインフラとして使い始めたことで、新たな攻撃の可能性も高めてしまっている。サイバー攻撃がそれである。

さらに、道徳的な問題も生じている。インターネット上でのアイデンティティと現実社会でのアイデンティティに乖離が生じてしまっている人の例はその一つだ。私の周りにも、別人格になりすまして他者とコミュニケーションを続けている人がいる。

あるいは、インターネット上での過激な自己表現にはまり込んでしまっている人が増えているのも問題だろう。命を落としかねない危険な行為で人を惹きつけようとする動画投稿者（ユーチューバー）がそれだ。

こうした問題に対して、私たちはどう対処していけばいいのか？　前述のキーンによる回答は、ごく常識的なものである。

その解決策は、法律と規制とを用い、インターネットの長すぎる思春期を無理やりにでも終わらせることだ。インターネットをもっと公正な、よい場所にするためには、規制を設けることがもっとも効果的である。

ただ、ここで気をつけなければならないのは、インターネットのよさは規制が緩やかであった点に負っているという事実だ。なぜインターネット上でこれだけのイノベーションが生まれてきたのか。それは現実社会と異なり、まだルールが厳格に定められていなかったからにほかならない。だからこそ問題が生じてきたわけだが、それを厳格に規制していくとなると、もはやインターネットのよさは失われてしまうのではないだろうか。

薄暗がりのウェブ

そのことを民主主義との関連で指摘しているのが、フランスの社会学者ドミニク・カルドンの『インターネット・デモクラシー』だ。この中でカルドンは、ネット上の発言形態を四つの象限に分類している。つまり、発言する人を横軸、発言の話題にされる人物を縦

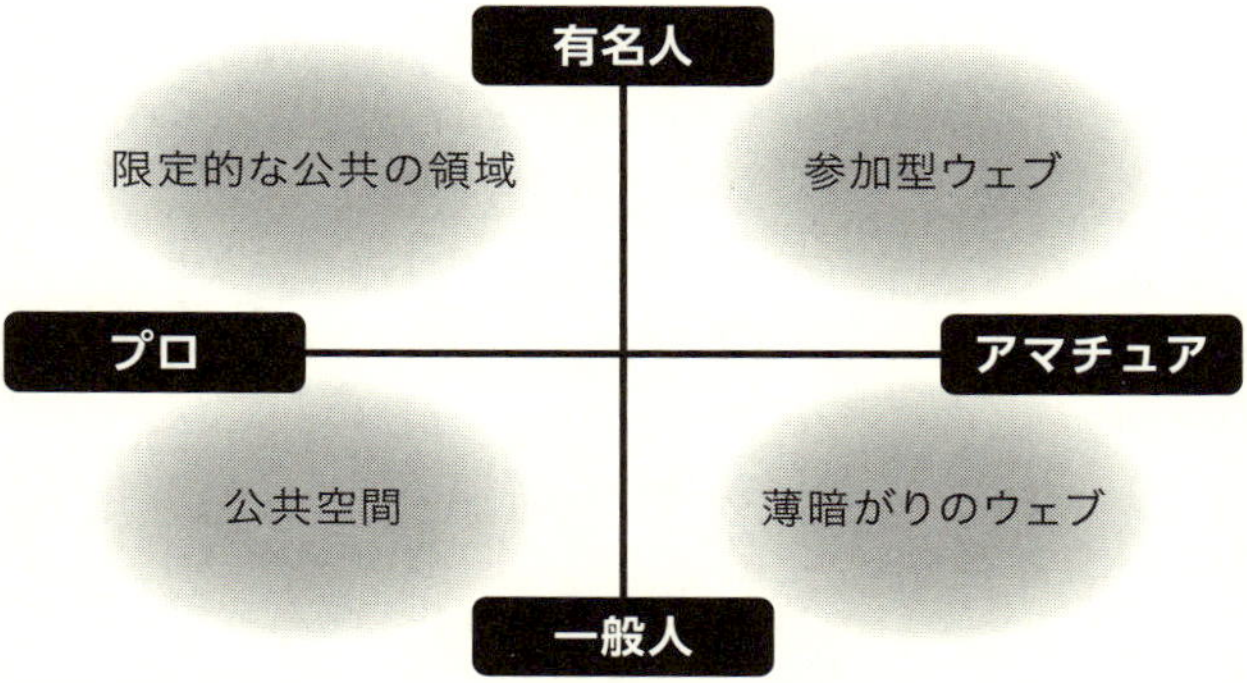

公共の場における４つの発言形態（『インターネット・デモクラシー』を基に作成）

軸にとって図式化し、横軸の一番左はプロ、右はアマチュア、縦軸の上は有名人、下は一般人と位置付ける。そうすると、プロによる有名人への言及は「**限定的な公共の領域**」、プロによる一般人への言及は「**公共空間**」、アマチュアによる有名人への言及は「**参加型ウェブ**」、アマチュアによる一般人への言及は「**薄暗がりのウェブ**」と規定できる。

「限定的な公共の領域」と「公共空間」は、発言主体がプロであるという点で、公共空間の開放という意味ではあまり大きな変化はない。

これに対して、「参加型ウェブ」や「薄暗がりのウェブ」に関しては、ブログやSNSによって素人が公共空間で発言し始めたという点で、画期的な変化といえるのだ。

とりわけ、「薄暗がりのウェブ」と呼ばれる私的空間と公共空間の境の領域については、犯罪の温床を生み出す可能性があるだけに透明化を叫ぶ声も多い。しかしカルドンによると、それをしてしまうと、インターネットにおける発言の自由そのものが損なわれてしまう。

私が懸念するのもこの部分だ。思考や発言という側面から見ると、カルドンのいう「薄暗がりのウェブ」こそが新しい発想の源泉であるように思われるからだ。したがって、そこを潰さないように、いかにしてインターネットを規制していくかが課題となってくる。

そこで、以下、どのようにインターネットを規制していくべきか、ポジティブな言い方をすると、どのようにしてインターネット社会を進化させていくべきか、考察してみたい。

「つながり」と「閉じこもり」

インターネットの問題は、二つのベクトルによって象徴されるように思われる。それは、「つながり」と「閉じこもり」の二つである。インターネットはつながりすぎともいえるほど、人々や物、情報をつなげ続けている。と同時に、私たちをごく狭い世界に閉じ込めてもいるのだ。

前者の問題を指摘するのが、『つながりすぎた世界』の著者、ウィリアム・H・ダビドウだ。彼は、この本の中で次のようにいっている。

過剰結合とは、あるシステムの内外で結びつきが高まりすぎたあげく、少なくとも一部にほころびが生じた状態を指す。こうなると状況はあっという間に暴走する。(中略)過剰結合が暴力につながることもあるし、深刻な事故を生むこともある。そしてときには、企業や一国を破滅の瀬戸際に追いやることもある。

ダビドウは、インターネットによって世界が制御不能な状態で結びついた状態を「**過剰結合**」と呼んで非難する。なぜなら、それによってデマや風評が瞬く間に広がって、世界規模の金融危機に至ることさえあるからだ。そのうえで、そうした強欲やデマの広がりは「思考感染」であるとして、警鐘を鳴らしている。

インターネットが世界をつなげたのは間違いない。ただ、それが制御不能な場合、つながりは一気にカオスと化す。その中をなんの信憑性もない情報が瞬時に駆け巡り、数十億の人間が瞬時にそれに反応するという危うい事態が生じてしまうのである。

SNSによる国家の革命や民主化運動の高まりは、こうした過剰結合の賜物であるといってよい。ただし、その背景には危うさが潜んでいることも忘れてはならない。昨今の偽《フェイク》ニュース現象、つまりネット上の偽の情報に現実の政治が振り回されるといった状況は、思考感染そのものだといっていいだろう。

では、私たちはいったいどうすればいいのか？

ダビドウは、過剰結合状態から高度結合状態に戻さなければならないとして、次の三つのやるべきことを提案している。①正のフィードバックの水準を下げ、それが引き起こす事故を減らし、思考感染を緩和し、予期せぬ結果を全体的に減らす。②より強固なシステムを設計し、事故が起きにくくする。③すでに存在する結びつきの強さを自覚し、既存の制度を改革して、より効率的かつ適応度の高いものにする。

つまり、①はインターネット以前の問題で、そもそも物事が過剰な状態にならないように制限するということである。②は文字通り強固なシステムをつくるということ。③はインターネットの過剰結合を前提に、むしろ社会の仕組みを変えていくということである。

出てくる情報が人によって違う

ダビドウの提案に賛同できるのは、いずれもインターネットの潜在力を削ぐような方向での規制ではない点だ。とりわけ①と②のように、インターネット外での規制を強化することで対応できるなら、それが理想なのかもしれない。この点については、最後に改めて検討するとして、先に「閉じこもり」の問題について考えてみたい。

これについては、『閉じこもるインターネット』の著者イーライ・パリサーが、次のように論じている。

新しいインターネットの中核をなす基本コードはとてもシンプルだ。フィルターをインターネットにしかけ、あなたが好んでいるらしいもの——あなたが実際にしたことやあなたのような人が好きなこと——を観察し、それをもとに推測する。（中略）わたしはこれをフィルターバブルと呼ぶが、その登場により、我々がアイデアや情報と遭遇する形は根底から変化した。

つまり、インターネットを使えば使うほど、その人の情報はネットに把握され、その人の求めるであろう情報が（推測され）表示されるようになってくるのだ。自分が一度検索した商品の広告が出てくるのはまだわかりやすいが、いま検索している情報そのものが、すでにそうした過去の膨大なデータによってフィルターをかけられたものであったとしたら、私たちはもはやそれに気づくことさえないだろう。

同じ検索エンジンを使って、同じ言葉を検索したとしても、実は自分と他者とでは出てくる情報が異なっている。たとえばグーグルを使っていると、自分が頻繁に検索する語がある場合、その語に関連する情報が上位に来るようになる。

私が小川仁志と自分の名前をよくエゴサーチしていれば、別の事柄を検索していても、なぜか小川仁志に関連する情報を目にすることになるというわけである。これは私以外の人には起こり得ないだろう。

パリサーはこうした機能によって、①ひとりずつ孤立しているという問題、②フィルターバブルは見えないという問題、③フィルターバブルは、そこにはいることを我々が選んだわけではないという問題が生じると指摘する。

これらが、「閉じこもる」という問題なのである。

現実の社会の中で、自分でも気づかないうちに、ある特殊な空間に閉じ込められているとしたら、大問題だろう。それが世界だと思い込んで生きていることになるのだから。

セレンディピティが奪われる

今、多くの人にとって、インターネットは現実の社会以上の存在になりつつある。友人とコミュニケーションするのも、情報を得るのも、買い物をするのも「ネットで」という人は増えている。とするならば、パリサーの指摘するフィルターバブルの問題は、深刻な社会問題といっていいだろう。

では、どうすればいいのか？　これについてパリサーは、個人、企業、政府のそれぞれにできることを提案している。

たとえば、個人は自ら意識して行動パターンを変えるべきだという。いつもと歩く道を変えてみるように、オンラインで歩く道も変えてみるということだ。あるいは、インターネットブラウザーのユーザー等を特定するために使われるクッキーを定期的に削除するとか、よりフィルターバブルを自分で管理できるサービスを選ぶとか、プログラミングの基礎を学ぶといったようなことも提案している。

そして企業は、アルゴリズムを公開したり、少なくともどのようなアプローチで情報の整理やフィルタリングを行っているのか明らかにすることで、フィルタリングシステムを普通の人にも見えるようにすべきだという。また、ユーザーの情報をパーソナライズした場合、企業はその情報をどれだけどのように使っているのかなど、本人に対して詳しく説明すべきだともいう。

そのうえで政府は、企業が自主的にはできない部分を担うべきだという。つまり、個人情報に対するコントロールを個人に返すことを企業に義務づけるよう提案しているのである。たしかに、ある程度法律で義務化して罰則でも設けないと、企業が自主的に情報を開示することなど望めないのかもしれない。

結局、フィルターバブルに関しては、大企業や一部の人間が、個人を操るような状況をつくり出す点に最大の問題があると私は考える。なぜなら、それによって個人の自由な発想が潜在的に削がれてしまうからである。

パリサーもセレンディピティという言葉を好んで使っているのだが、インターネットのダイナミズムは、偶然の出逢いを意味するセレンディピティに負うところが大きい。フィルターバブルはそれを奪ってしまうのである。

その点で、パリサーの挙げる対応策は、いずれも必要なものだといっていいだろう。

倫理の射程を広げる

インターネットの問題について、「つながり」と「閉じこもり」という二つのベクトルから考察を加えた。そしてその各々について、インターネットの潜在力を損なうことなく問題を解決するにはどうすればいいか、検討を試みた。その中で判明したのは、インターネット外における規制の有効性と、フィルターバブルの有害性である。これらを念頭に置きつつ、最後にポスト・インターネット社会を展望してみたい。

ポスト・インターネット社会とは、インターネットがインフラになり、もはやそれが特別なものとはみなされなくなった社会のことだと思ってもらえばよい。インターネットが普及し始めて約30年、社会はもはやその段階に入りつつあるといっていいだろう。

現に私たちは、ネット上の世界とリアルの世界をあまり区別しないようになってきているのではないだろうか。誰もが当たり前のようにネットを使えば、それはもう特別なものではなく、日常になるのだ。これまでのあらゆるテクノロジーがそうであったように。

新しいテクノロジーの黎明期における人々の狼狽ぶりは、数十年もたてば滑稽なものに映る。インターネットもその例外ではないはずだ。たとえば初期の頃は電話回線を使っていたので、電話と同時に使えなかった。そして個人的には、電話やファックスに比べて、そもそもインターネットはつながりにくい不便で面倒な通信手段という印象さえあった。今はそれが逆転している。

それだけ特別なものだったのだ。ところが、パソコンが魔法の箱ではないことや、インターネットがこの現実の世界とはまったく別の異次元に存在するものでないことは、それらが生み出してきた数々の社会問題とともに白日の下にさらされつつある。

とするならば、日常の一部に組み入れられた日常としてのインターネットには、特別な規制ではなく、日常の規制こそが求められるだろう。つまり、インターネットにおける行為そのものを規制するのではなく、インターネットのある日常を誰もが問題なく生きるための規制が求められるべきなのだ。いや、規制というよりもむしろ倫理の射程を広げると表現したほうがいいかもしれない。

インターネットが私たちの生活に入り込むことで、私たちの生活には選択肢が増え、できることが格段に多くなった。より自由に発想できるようになったともいえる。その分、新たな問題が増えているわけだが、それはインターネット特有の問題ではなく、行動と発想のアリーナが広がったと見るべきなのだ。

したがって、従来リアルの世界における行動と発想に求められた倫理が、ネットというアリーナにも適用されるというだけのことである。

その際、何か新しいものが求められるとは思えない。むしろそうしたアプローチは、インターネットを特別視し、そのダイナミズムを損なってしまうように思えてならない。インターネットだからといって、結社の自由や表現の自由が過度に規制されたりするのはおかしいだろう。インターネットが日常になったポスト・インターネット社会に求められる新しい公共哲学は、だからそのままリアルな社会における公共哲学であるべきなのだ。

ただし、インターネットが社会を複雑にしているぶん、それを理解し、対応していけるだけの高度な理性が求められることはいうまでもない。その意味では、理性のアップグレードを余儀なくされる。

この理性のアップグレードこそ、キーンが指摘したインターネットのもたらす格差や搾取といった問題を解決する糸口になるものだといってよい。もちろんそれは、単にインターネットリテラシーを高めるというだけにとどまらず、本書で明らかにしてきたように、インターネットの本質を理解し、常にその存在に批判の目を向け続けるということまでを含む。そのうえで、リアルな社会において求められるのと同じ次元の、倫理的態度が求められるのである。

つまり、私たちインターネットユーザーは、ネットだからといって相手への配慮を手薄にしてはいけない。そして、リアルな世界と同じように、自分の言葉に責任を持たなければならないのだ。商取引における責任もそうだろう。

こうした責任ある態度のみが、インターネットの暴走を食い止め、アンドリュー・キーンのいう「解決しなければならない重要課題」としてのインターネットを、もとの理想である解決策としてのインターネットに引き戻せるのである。それができないと、インターネットはますます恐ろしい方向に向かってしまうだろう。世界を震撼させる超監視社会のように。次に、今ここにある危機としてこの問題に迫ってみたい。

9　プライバシーなき時代を生きる——超監視社会

買い物しているとき、あるいは街頭で人を待っているとき、ふと監視カメラと目が合うことがある。カメラと目が合うというのも変な表現かもしれないが、不思議とその向こうで自分を見ている誰かと目が合ったような気がするのだ。そして目をそらす。

問題なのは、一度その視線を意識すると、どこに行っても誰かに見られているような感覚にとらわれることだ。今、世の中ではそんなことが起こっている。ここでは目をそらすことなく、超監視社会の現実を直視してみたい。

スノーデンとパノプティコン

ＣＩＡの元エージェントが、緊迫する中データを取り出し、政府の不正を告発する。オリバー・ストーン監督が描く映画『スノーデン』は、興行的には桁違いの人気を誇るスパイ映画『ミッション・インポッシブル』よりも数倍興奮した。なぜならこれは事実に基づく映画であり、かつ私たちを不可避的に巻き込む現在進行形の問題を扱っているからである。

それは監視社会の問題だ。

私にとって監視社会の問題は、歴史上の出来事にすぎなかった。戦前の全体主義や戦後の冷戦構造の中で生み出された、政府による国民の監視。ジョージ・オーウェルが『1984年』で描いた、あのビッグブラザーのイメージでしかなかったのだ。

ところが、21世紀の監視社会は、テクノロジーの進化のせいで、今まったく新たな問題として立ち上がっている。いわば、**超監視社会**ともいうべき異質の事態をもたらしているのである。この問題を考えるうえで理解しておかなければならないのが、パノプティコン型の監視である。

もともとは、イギリスの功利主義の思想家ジェレミー・ベンサムが考案した、刑務所のアイデアのことで、「一望監視装置」などと訳される。これをフランスの思想家ミシェル・フーコーが、近代社会にはびこる権力による監視を暴露するために用いて有名になった。

フーコーは『監獄の誕生』の中で次のようにいっている。

〈一望監視装置〉は、見る＝見られるという一対の事態を切離す機械仕掛であって、その円周状の建物の内部では人は完全に見られるが、けっして見るわけにはいかず、中央部の塔のなかからは人はいっさいを見るが、けっして見られはしないのである。

つまり、パノプティコンの中央には監視塔があり、その周囲に円環状に独房が配置されている。ここに工夫がされていて、監視塔から独房は見えるけれども、独房の側からは何も見えないようになっているのだ。

こうして、監視塔にいる看守はすべての囚人の動きを見られるのに対し、独房にいる囚人には看守が何をしているかわからないという状況が作り出される。

だから囚人たちは、実際には看守が見ていないとしても、常時規律を守って生活するようになるのだ。監視されているという可能性を囚人が常に意識し、自動的に従順な「従属する主体」となるわけだ。権力は囚人自身の手によって深く内面化されていく。

さらにフーコーは、パノプティコンの原理に見られる規律・訓練権力の作用が、単に監獄という制度に局限されるものではなくて、近代社会の隅々にまで及んでいると考える。

国家はもちろんのこと、学校、工場、仕事場、病院、軍隊などの人が集まって何かをする場すべてに。

これに対して、現代社会が進展するにつれ、個人の権利は向上し、私たちはビッグブラザーに監視されるだけの「従属する主体」ではなくなっていった。とりわけ先進国では、資本主義の発達が消費社会をもたらし、ある意味で従属を嫌う個人を生み出していったように思われる。少なくとも私はそのような印象を抱いていた。だから監視社会はもう過去のものになったと思い込んでいたのだ。

サイバー茹でガエル現象

ところが現実は違っていた。テクノロジーが新たな監視社会を生み出していたのである。私たちの知らない間に。だから気づかなかったのだろう。

コンピューター・セキュリティの権威ブルース・シュナイアーは、いったい何が起こっているのかを、著書『超監視社会』の中で詳細に報告してくれている。

政府と企業は、私たちがデジタル化された人生を生きる過程で生み出す大量のデータを収集、保管、分析している。多くの場合、本人はそのことを知らず、ましてやそれに同意してもいない。政府と企業は、集めたデータをもとに、私たちについてなんらかの結論を導き出す。本人としては異論があるかもしれないが、その分析結果は、私たちの人生にきわめて大きな影響を及ぼす場合がある。好むと好まざるとにかかわらず、私たちは大量監視の下に置かれている。

まさにこれはスノーデンが告発した大量監視の実態にほかならない。いや、それ以上だろう。スノーデンが告発したのは、アメリカ政府による大量監視だ。国家が世界中のネットユーザーの一挙手一投足を監視している現実。しかし、それを超えて、シュナイアーは、企業もまた、ネット上で私たちが何かにアクセスするたび、そのデータを蓄積していくというのである。

たしかにアマゾンは誰よりも私が欲しい本を知っているし、Facebookは誰よりも私の交友関係を知っている。グーグルは私の日常生活や性格などを、私以上に知っているだろう。

たとえばあなたがグーグルマップを使って場所を調べ、評価の高いレストランに向かったとする。このときグーグルは、あなたがある時どこからどこに移動したのか、どのレストランに入ったのか、GPS機能ですべて把握しているのだ。そこで一緒にいる人と写真を撮り、食べたものについて情報を発信すれば、誰と何を食べたかも知るだろう。それくらいならまだ知られてもいいのかもしれないが、グーグルはあなたが、匿名掲示板やアダルトサイトを頻繁に検索して閲覧していることなども履歴からすっかり把握している。日ごろ私たちは、便利さに惹かれて、ついついグーグルの監視の強化に協力してしまっているのである。プライバシーが一気にすべて奪われるなら抵抗もできるだろうが、グーグルはそんなにバカではない。徐々にアップグレードしてくるのである。これはマイクロソフトもiPhoneもみんな同じだ。ああ、また一つプライバシーが奪われるなとわかっていながらも、私たちはそれを許容してしまうのである。もちろんそんなことを気にしていない無邪気なユーザーがほとんどなのだが。

いずれにしても、私はこのきわめて危険でアンフェアな現象を、茹でガエル現象になぞらえ、**「サイバー茹でガエル現象」**と名付けたいと思う。茹でガエル現象とは、環境が徐々に変化していくため、気づいたときには手遅れになっていることのたとえである。それと同じことがインターネット環境でも生じている。気づいたときには、私たちはもう大量監視の網の目の中に完全に埋め込まれてしまっていることだろう。

投票行動までコントロールされる

この大量監視こそ、超監視社会の本質なのだ。誰かが、世界中の人に関して、本人でさえ知らないようなすべての情報を持つに至るとき、いったいどんな問題が起こるのか。

シュナイアーが指摘しているのは、たとえば企業による差別の問題だ。企業は人々をカテゴリーに分けて、カテゴリーにふさわしい商品やサービスを提供する。資産状況や人種を考慮して。場合によっては、求めるサービスを受けられないこともあるだろう。

もっと深刻なのは、コントロールの問題だ。広告によって購買行動をコントロールするだけでなく、選挙の際の投票行動までコントロールすることが可能になっている。たとえば、SNSでの発言の傾向から個人の思想や支持する政党及び政治家を分析し、考えが変わるような広告を打つというように。

それもこれも、すべては自分がネット上に情報を提供しているから起こりうるのだ。そしてプライバシーを危機にさらすことになる。しかも、今だけでなく、永久にデータが蓄積されるのだから、ある日いきなり過去の汚点をさらけ出される可能性が常にあるというわけだ。

その結果、私たちはネットで様々な自由を獲得している反面、常にびくびくしながら生きていかなければならなくなるだろう。

リキッド・サーベイランスの問題

この大量監視社会が生み出す不安の本質について議論しているのが、ジグムント・バウマンとデイヴィッド・ライアンによる『私たちが、すすんで監視し、監視される、この世界について』という共著書である。ライアンは、バウマンの提起した「**リキッド・サーベイランス**」という概念を支持し、現代の監視社会を次のように性格づけている。

バウマンによれば、今日の世界はポスト・パノプティコンの段階にあり、監視者は消え去って、手の届かない場所にいます。監視する側とされる側が相互に関わりを持つ時代は終わったのです。今や可動性とノマディズム（放浪生活）が重視されており（あなたが貧しいか、ホームレスでもないかぎり）、より小さくて軽くて速いことがよいとみなされています（少なくとも、iPhoneやiPadの世界では）。

つまり、リキッド・サーベイランスというのは、バウマンのいうリキッド・モダニティ（流体的近代）の時代に対応する形で、個々人がiPhoneやiPadなどの携帯端末を持つことによって、管理者などいなくとも自己監視の役割を引き受けている事態を指すのである。

そうした事態が進展することで、私たちは知らず知らずのうちに大量監視の対象になってしまう。そして、その恐るべき事実に気づいたとき、途端に不安を抱えることになるのだ。少なくとも、「スノーデン以後」を生きる私たちは、もうその不安から逃れることはできなくなってしまっている。

この不安の本質について、ライアンは次のように分析している。

皮肉なことに、今日の安全（セキュリティ）はその副産物として不安全（インセキュリティ）を生み出しています。また一部のケースでは意図的にそれが生み出されているのかもしれません。セキュリティ措置によって守られるとされる人々自体がそうした不安全（インセキュリティ）を、強烈に感じているのです。

安全を求めるがゆえに監視を強化する。しかし、そのせいで不安全ともいうべき不安を抱えてしまっている。それがリキッド・サーベイランスの問題なのだ。バウマンはこの状態を「セキュリティ中毒」と揶揄《やゆ》する。私たちはセキュリティを求めすぎることで、自由を失っていることに気づかなくなってしまっているのである。

では、安全を放棄することなど不可能な私たちは、いったいどうすればいいのか？

これまでは、安全と自由の二者択一の中で安全が選ばれてきたといってよい。しかし、自由を失うことで生じる不安全が、かえって人々を不安にさせている。この矛盾をどう解消すべきか。もちろん、プライバシーなど気にしないようにすれば、ある程度は不安を払拭することは可能だろう。いわば開き直りだ。

現に、最近の若者の中には、そうとしか思えないほど、露骨にプライバシーを開示する者たちがいる。いわば彼らは、自由の概念を変更することで、不安を無化する提案をしているかのように思われる。

たしかに、誰もが見られ、見ることのできる社会において、それでも自由に生きていくには、気にしないのが一番だ。もう少し高尚な言い方をするなら、寛容になるのが一番なのだ。このプライバシーなき時代に、窒息せずに生きていくためには、見られることに寛容になり、同時にまた見ることにも寛容になる必要がある。つまりそれは、見ることを自制するということだ。

しかし、見られることに寛容になるというのは、誰もができることではない。公人でさえ、すべてをさらけ出すことはできないだろう。それにこうした戦略は、権力の暴走には無力だ。権力は、見ることを自制してくれない（共謀罪に対する国民の懸念もここにあるといえる）。見られることを気にしないようになったとしても、それをもとに嫌疑をかけられるとすると、もはや自由を守ることはできないのだ。

結局、安全と自由を二項対立的に考えている限り、私たちはこのいずれかを犠牲にせざるを得ないのである。したがって私たちは、このジレンマから脱しなければならない。大量監視時代に私たちが築いていかなければならないのは、まさにそのための新しい公共哲学なのである。

安由——自由のための蜂起

近代以前の公共哲学は、自由と安全、もう少し普遍化していうと、自由と規制という両極を設け、その両極の線分上においてどこで折り合いをつけるかという議論をしてきた。自由を最大限重視するなら、自由主義あるいは自由至上主義が採用され、規制をより重視するなら、保守主義や共同体主義が採用されてきたのである。

その場合、規制は公共の福祉といった言葉で表現されてきた。日本国憲法にもよく見られる表現で、全員の安全のために個人の自由は制限されるというロジックである。

ところが、大量監視時代の今、もうそのロジックは通用しない。なぜなら、大量監視がもたらす自由の制限は、線分上のどこかに折り合える点を求めるような単純なものではなく、すべての自由を奪ってしまいかねない可能性を常にはらんだ潜在的なものだからだ。

何しろ、誰もがあらゆる弱点をさらけ出しながら生きている。したがって、自由の規制は程度の問題ではない。程度でいうなら自由はゼロだといっていい（ただし、それが顕在化すればの話だが）。

実際には、多くの場合、自由がゼロになることはないだろう。しかし私たちは、常にその不安と背中合わせで生きて行かなければならない。ここで私たちに求められるのは、完全に新しい公共哲学だといっていい。

近代以前の線分モデルを放棄すること。そして新しいモデルを構築すること。

それは安全と自由の二項対立を止揚することにほかならない。つまり、安全と自由を一体のものと考えるのである。その場合、安全は自由を確保できる限りにおいてしか成り立たないし、逆に自由も安全を確保できる限りでしか成り立たない。

これは、いずれか一方を犠牲にするという発想とはまったく異なる。そうではなくて、新しい概念を生み出すことを意味するのである。安全（Security）か自由（Freedom）かではなく、両者が常に一致し、一体となったいわば「**安由**」（Securedom）ともいうべき概念が求められるのだ。

それによって、私たちの監視に対する発想はガラッと変わるはずだ。もはや規制をめぐって対立する必要はなくなる。万人にとっての目標は、同じ「安由」の実現なのだから。

もっとも、そう考えたとしても、具体的帰結は現実的で常識的なものになるだろう。たとえば、インターネット上の監視についていうと、対象を特定しないメールやＳＮＳの監視は自由を脅かすので認められない。また、企業による情報の目的外使用も、自由を脅か

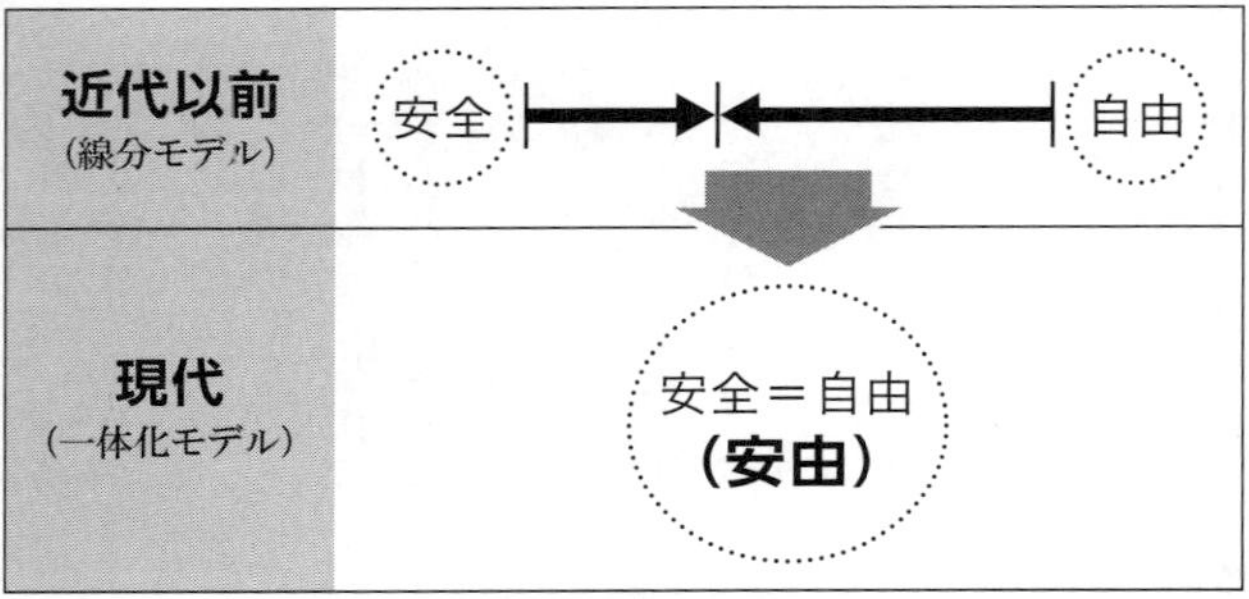

安全と自由の関係

すので認められないだろう。反対に、インターネット上での完全な匿名性の確保は、安全を脅かすので認められないことになる。

大事なのは、「安由」という一つの概念で考えることによって、安全と自由が一体のものであることを、監視する側も監視される側も合意できるということである。新しい概念を生み出すことが、単なる言葉遊びを超えた意味を持つのは、こうした理由からである。

安全か自由かの二項対立では、合意を得るための議論は神学論争に陥るのがオチである（我が国の共謀罪創設にかかる議論がそうなってしまったように）。誰しも犯罪は怖いが、自由を失いたくないものだ。これがどっちか一つしかダメだとなれば、永遠に水掛け論になってしまう。そういう議論の仕方をしてはいけないのだ。なぜなら、その場合、結果は必ず数の多いほうが勝つに決まっているから（共謀罪が強行採決の賜物であることを思い出していただきたい）。

大量監視社会に対抗するためには、積極的に行動しなければならない。スノーデンの告発はその最たるものだが、あまりにもリスクが高い。これに対して、前述のシュナイアーは、カードを使わないとか、暗号化を行うなどといった、監視から自衛するための具体的方法を指南している。これは誰にも可能な行動だろう。世界中の人が自由に発想し、アイデアを出し続ければ、ある程度の対抗ができるはずだ。私が行おうとしている新しい公共哲学の提案もまた、そうした行動の一つなのだ。

テクノロジーの進化は止められない。それに比例して、黙っていても監視は拡大していく一方である。指をくわえて自由を放棄するか、自由な発想で蜂起するか。すべては私たちの行動に委ねられている。

そのとき、自分だけがやっても何も変わらないなどと思わないでほしい。他者を信じるのだ。多くの人が行動すれば、社会は変わる。幸い世の中は、人々が協力し合う方向に進みつつある。最後にそんな共同性の可能性についていくつかの視点から考察してみたい。

第Ⅲ部のまとめ

第Ⅲ部では、ポスト・シンギュラリティ、フィルターバブル、超監視社会をキーワードに、テクノロジーの知について論じた。現代のテクノロジーの進化は、人間と道具の関係を完全に逆転させてしまったといっていいだろう。

したがって、私たちがなすべきなのは、その関係性をもう一度逆転させることにほかならない。では、21世紀の人間の復権に何が求められるのであろうか？

やはりそれは理性をおいてほかにない。

テクノロジーを生み出したのは理性である。とするならば、その暴走を止めるのもまた理性であり、それを止める責任を負っているのも理性なのである。そのためには、本文でも述べたように、新しい発想でルールをつくるための議論をし続けることである。テクノロジーとの闘争は、あきらめたほうが負けなのである。

第Ⅳ部　共同性の知

ニュー・プラグマティズム、シェアリング・エコノミー、効果的な利他主義

10 積極的な妥協が対立を越える――ニュー・プラグマティズム

原理主義的な価値の押し付け合いをしていては、世の中は前に進まない。価値観が多様化し、互いに複雑にぶつかり合う時代の中で、それでも一つの共同性を維持していくための方途はあるのだろうか。ここでは連帯のために進化し続ける思想、プラグマティズムの新しい潮流に着目したい。

行き詰まりを突破できる潜在力

まず冒頭でクイズを出したい。

ベンジャミン・フランクリン、スティーブ・ジョブズ、バラク・オバマ。アメリカで尊敬されるこの3人に共通するのは何か？

答えは、プラグマティズムである。この3人は、いずれもプラグマティズムの体現者として、アメリカでは高く評価されている。そして今、この思想が日本でも大きな注目を浴びているのだ。

近年、『現代思想』で、「いまなぜプラグマティズムか」というタイトルの特集が組まれた。それを読んだとき、たしかにその通りだと感じたのを覚えている。ここ数年プラグマティズムを冠する著書が思想の分野でかなり出ている。思想分野の出版は低迷しているので、同じテーマで数年間も継続的に本が出ているのはめずらしいといっていいだろう。

しかも、後で紹介するように、プラグマティズムは決して新しい思想ではない。いわばリバイバルなのだ。もちろんプラグマティズムも古典から最新のものまで進化しつつあるのは事実だ。だが、基本的な部分は変わらない。そして今求められているのは、プラグマティズムが持つその基本的な部分にほかならないのだ。

結論を先取りするならば、それは行き詰まりを突破できる潜在力とでも表現できようか。

この思想が２０１１年の東日本大震災をきっかけに、日本でもにわかにブームになったのはうなずけるだろう。まさにこの年、日本は行き詰まりを実感することになったのだから（とりわけ原発の問題をめぐって）。

かくいう私も２０１２年に『アメリカを動かす思想　プラグマティズム入門』（講談社現代新書）を上梓している（ただ私の場合、たまたま２０１１年度にアメリカで１年間過ごすことになった経験が執筆の直接のきっかけなので、少し事情が異なるのだが)。アメリカで生活していると、あらゆる分野で日常的にプラグマティックという単語を耳にする。あたかもそれが正しい物事の進め方であるかのごとく。

そう、プラグマティズムはアメリカ発の思想で、しかもそれはアメリカを動かし、ここまで成長させてきた原動力でもあるのだ。今や多義的となってしまったプラグマティズムを定義するのは難しいが、日本では実用主義などと訳されている。なぜなら、この語の語源は、「行為」を意味するギリシア語 pragma に由来するからだ。行為によって実用的な結果を得る思想、それがプラグマティズムだといっていいだろう。

アメリカという国は、何もないところから、原則にこだわることなく、まさに行為を優先して、実用的な結果だけを求めてきた。そのおかげで、わずか２００年足らずで世界一の超大国にのし上がることができたのだ。

プラグマティズムの系譜

したがって、この思想は必要が生んだアメリカの知恵ということもできるが、ここではまず思想として確立されていった流れを確認しておきたい。

最初にプラグマティズムを唱えたのは、C・S・パースだといわれる。パースは１８

70年のはじめ、後に「プラグマティック・マクシム（プラグマティズムの格率）」と呼ばれることになる原理を打ち立てた。概念の意味は、結果いかんで決定されるという原理である。

このパースのプラグマティズムを批判的に継承したのが、ウィリアム・ジェイムズだった。ジェイムズは、パースとは異なり、科学的な結果だけでなく、非科学的な結果も考慮しようとした。宗教的な信念なども結果として認め、科学と非科学の両方の要求を満足させることのできる哲学として、プラグマティズムを位置づけたのだ。

これに基づき、真理とは、「それを信じることが有益である限りにおいて『真』である」観念だと主張されるに至る。

この二人の先駆者を受け継ぎ、プラグマティズムを大成させたといわれるのが、20世紀前半に活躍したジョン・デューイであった。彼は、いかなる知識にも絶対的に正しいものなどなく、物事の真偽は相対的なものにすぎないとして、「道具主義」を唱えた。知識は問題を解決するのに役立つ道具のようなものだというわけだ。

彼はこの発想を教育に生かすことで、問題解決型の教育を提案し、また民主主義に適用することで、よりましな選択をするという意味でのデモクラシー論に帰結するに至る。こうした教育観、デモクラシー論の根底には、デューイの人間観が横たわっているといえるだろう。

たとえば、人間にとって善とは何か？　これは人間の道徳観をどう考えるかの問題である。デューイによると、道徳的な性格は社会的要素を含んでいる。つまり、徳とか悪徳というものは、人間を支配する客観的な力を組みこんだ習慣にほかならないのだ。それゆえ習慣は環境によって内容が異なってくるのであって、決して絶対的ではあり得ない。

他方、私たち人間には本能に根ざした衝動があるので、これが習慣と対立する。その本能と習慣の対立を知性によっていかに調整するかという問題こそ、道徳の課題にほかならない。『哲学の改造』の中でデューイはこういっている。

> 私たちは、健康、富、学識、正義、親切などを一般的なかたちで追求したり、獲得したりすることはできない。行動はつねに特殊で、具体的で、個別的で、ユニークである。

たしかに私たちは、何が富なのか、何が親切なのか、一概にはいうことはできない。人によって、あるいは状況によって答えは変わってくるだろう。何が正義なのかという問いさえも。だから私たちにできるのは、常によりましな選択をすることだけなのだ。

その意味では、あくなき成長や改良、そして進歩こそが善となる。その後プラグマティズムは、デューイが大成したその基本精神を受け継いで、思想自体が現代的段階へと進歩していくわけである。

ネオ・プラグマティズムとローティ

現代のプラグマティズムは、古典的なそれと区別する意味で、**ネオ・プラグマティズム**と称されることが多い。その起点となったのは、やはりアメリカの哲学者リチャード・ローティだといっていいだろう。

ローティは、プラグマティズムのことを「新ファジー主義」とも呼んでいる。なぜなら、それまでの主流の哲学が合理的な基準として育んできた、客観的なものと主観的なもの、事実と価値という二項対立的な区別そのものを、ぼかしてしまおうと目論んでいるからだ。

言い換えると、それは客観性の観念を、強制によらない合意の観念と取り換えようというプロジェクトでもある。ローティは、この意味での強制によらない合意を、「連帯」と表現する。連帯こそが、伝統的な哲学が求めてきた普遍妥当性に変わるものだというのだ。

ローティは『連帯と自由の哲学』の中で次のようにいっている。

プラグマティストたちがのぞんでいることは、客観性にたいする要求のかわりに、すなわち、自分たちと一体とみなしているなんらかの共同体をこえた実在をとらえたいという要求のかわりに、そうした共同体との連帯にたいする要求をおきかえることである。

つまり、共同体における連帯という名の合意が、普遍的な基準に取って代わるということだ。ただ、このような帰結は、ややもすると相対主義をもたらすことになりかねない。こうした懸念に対してローティは、そもそも真理や合理性に関しては、目の前にある自分の社会のそれぞれの探究領域で、通常どういった正当化の手続きが取られているかということしかいえないとする「自文化中心主義的見解」を取ると開き直る。

そして、意見は収束へと向かうのではなく、増殖し、多様化の方向へ向かうというのである。ローティがポストモダン、つまり共通する価値観が消滅する時代の思想家だといわれるゆえんである。しかし、これでは対立や行き詰まりを解決することはできないように思われる。

やはり私たちは収束へと向かわなければならない。その収束が永遠に固定化されるものでないことはいうまでもないだろうが。

ニュー・プラグマティズムとマクダウェル

この問題を引き継いだのが、ジョン・マクダウェルである。マクダウェルはローティに強い影響を受けながら、彼を批判的に乗り越えようとしたプラグマティストだといってよい。実はマクダウェルは、ネオ・プラグマティズムの後の、いわば最新のプラグマティズムの潮流「ニュー・プラグマティズム」を構成する哲学者の一人である。

まず、この最新のプラグマティズムの潮流について簡単に言及しておこう。ニュー・プラグマティズムについては、伊藤邦武が『プラグマティズム入門』の中で詳しく紹介している。伊藤によると、この言葉は2007年にオックスフォード大学出版局から出版された『新しいプラグマティスト（New Pragmatists）』という論文集に由来するという。

そこに共通しているのは、ローティによって貼られたプラグマティズムというレッテルをはがして、これを再定義しようとする試みのようである。つまり、ローティのいうように、私たちによって所有されるべき真理や客観性というものはないと考えるのではなく、むしろ人間的探究がもっているはずの客観的な次元を正当に評価できるようなポジションを明確にせんとするのである。

その潮流の中の一人がマクダウェルにほかならない。彼はローティを「客観性恐怖症」と名付け、「客観性のボキャブラリーを禁止」したと非難する。ローティは客観的な基準を否定し、代わりに「連帯」という名の合意を導入したからだ。そこでマクダウェルは、他のニュー・プラグマティストたちと同様、プラグマティズムの立場から客観性を肯定しようとする。

マクダウェルはまず、「不安」という概念を持ち出す。近現代の哲学には、ある種の不安が存在するという。その不安とは、「心が現実について知るようになることが単に疑わしいだけでなく、その現実とのかかわりを失ってしまう、という恐れ」だと表現される。

つまり、客観性の問題は、心が何かを知る行為である「経験」なるものが、はたして絶対的といえるのかどうかの問題だといいたいのだ。その意味で、これは経験と反経験の間における緊張関係だと表現される。この両者があたかも「シーソー」の両端のように絶え間ない反復を繰り返すという。それが不安をもたらしている原因なのだと。

そこで彼が提案するのは、経験か反経験かという二者択一の選択ではなく、なんとシーソーから降りるという第三の方法である。

具体的には、経験そのもののうちに、すでに「概念」が働いていると考える。マクダウェルの表現によると、「ものがかくかくしかじかであるということが経験の内容であり、さらに判断の内容となりえる」ということだ。その意味で、マクダウェルのプラグマティズムを概念主義と呼ぶことも可能だろう。

これを説明するために、彼はアリストテレスに由来する「第二の自然」という考えを持ちだす。つまり、自然にはすでに意味が含まれており、人間が唱える価値は客観的にも実在するというのである。

ここからマクダウェルは、価値の客観性をベースとした倫理学を打ち立てる。それは「徳倫理」と呼ばれる系譜の倫理学だ。彼のいう徳は、アリストテレスのいうそれと同じで、状況に応じて内容の異なってくるものを指している。

マクダウェルは著書『徳と理性』の冒頭で次のように定義する。

ある人がある徳(a virtue)を備えているとはいかなることか。「知を持っていることである」という答えは、その人が物事を正しく捉えることを含意する。このソクラテスの主張には、なるほどその通りだとうなずかせる力がある、と認めることを目指して少しでも進もうとするならば、手初めに取り上げる事例は、徳の一事例であるという身分が疑われる恐れのない事例でなければならない。しかるに徳とは、性格の特定の状態、すなわちそうした性格の状態を備えた人なら、どう振舞うべきかについてのある範囲の問いに対する正しい答えに到達する、そういった性格の状態である。

この場合の「正しい答え」とは、倫理の判断者が正しいと思う答えという意味ではあるのだが、状況に応じて答えを導き出すという点では、まさにプラグマティックな倫理だといえるのではないだろうか。現にマクダウェルは、行為者は、「状況からそう振る舞うよう要求されている」ことに気づいていなければならないと強調する。

そこで、マクダウェルの議論の延長線上に、公共哲学としてのプラグマティズムについて考察したい。

公共哲学としてのプラグマティズム

マクダウェルのいうように、客観的な価値が確定できるとするなら、プラグマティズムは少なくともその都度共同体にとって求められる正しさを確定する力を持つ。個としての自分が正しいと判断する答えを、社会のそれとすり合わせていくことが可能になる。それは民主主義の文脈においてプラグマティズムを論じることにほかならない。

プラグマティズムを日本の政治や民主主義に導入しようという提言自体は、昨今盛んに行われている。たとえば、宇野重規は『民主主義のつくり方』の中で、次のようなプラグマティズム型の民主主義モデルを提示している。

本書は、このような民主主義への不信が募る現代にあって、あえて民主主義を擁護するものである。その際、〈ルソー型〉から〈プラグマティズム型〉へと、民主主義像を転換することを目指す。

従来の民主主義はルソーの一般意志というフィクションに基づいて民主主義を構想していたという。しかし、人民の意志は予め確定しているわけではなく、むしろ後から明確になることのほうが多い。そもそもプラグマティズムとはそうした人間理解に立って唱えられたものだ。とするならば、民主主義についても、意志は事後的に発見されるものであることを前提にして、構想し直す必要があるのではないか。それが宇野の問題提起である。

要するに、宇野のいうプラグマティズム型民主主義とは、不確定な状況の中でとりあえずの答えを出していくことだといえる。それであれば、ともかく前には進めるからである。

たとえば原発問題のように、どちらに進むのが正しいのか世論が二分されてしまうようなときにも、とりあえずどちらかを試す可能性が開かれる。間違っていればやり直せばいいからである。

行き当たりばったりの側面

これをもっと進めて、連帯と共生というところまで持っていったのが、大賀祐樹の『希望の思想　プラグマティズム入門』である。大賀はこの書を次のように締めくくっている。

　プラグマティズムとは、相容れない「信念」をもち、対立し合う人びとが、そうした相剋を乗り越えて連帯し、一つの「大きなコミュニティ」を形成するための指針であり、共生を可能ならしめる思想なのである。

宇野も大賀もデューイにならい、ともにプラグマティズムをそのまま民主主義に適用することを提案している。たしかに、プラグマティズムが原理原則を問わない問題解決手法であり、それゆえに民主主義を素人知に開くものである点は歓迎すべきことだ。

しかし、それがまた民主主義に不安定化をもたらすことも否定できない。プラグマティズムには行き当たりばったりの側面があるからだ。ビジネスの世界であれば、行き当たりばったりにやって失敗したとしても、後から修正していけばいいだろう。でも、政治はどうか？　はたしてビジネスと同列に論じてもいいものだろうか。政治は人々の生活に直接的な影響を及ぼす。その意味で、ある程度の安定性が求められるのだ。
この点宇野は、次のようにプラグマティズムにおける習慣の意義を重視している。したがって、そもそもプラグマティズム自体が、本来の意味での行き当たりばったりから免れているととらえることもできるかもしれない。

社会全体としてみれば、習慣とは人と人とをつなぐメディアであり、多様な場所で行われた実験の結果を集積することで、変革への梃子となっていく社会的装置である。人々の信念がそれと自覚されることなく結びつき、結果として社会を変えていく。これはほとんど民主主義であるといってもいい。

人々が試行錯誤した結果が習慣となって、プラグマティズムの結果に反映されるという。だから必ずしも、プラグマティズムは不安定な結果をもたらすとは限らない。それはそうかもしれない、プラグマティズムにおける試行錯誤だって、何らかの経験則に基づいているはずである。

素人知と専門知

ただ、それでも素人知がもたらす弊害を十分に補えるものではない。感情の暴走に歯止めをかけるためには、やはり専門知が求められる。この点について私は、『脱永続敗戦論』という本の中で、「理に適ったプラグマティズム」という提案をしたことがある。

民主主義を開くためには、官僚主導の政治に象徴されるような専門知に偏った制度を変えていく必要がある。それを可能にするのが素人知を最大限に生かすプラグマティズム型民主主義だ。しかし、政治に関しては、すべてが素人知にとって代わることは必ずしも望ましいとはいえない。

そこで、素人知と専門知の弁証法がもたらす新しい理性が求められるのだ。それこそ「理に適ったプラグマティズム」という提案にほかならない。

公共圏は今、素人知を求めている。しかし、理性を失った暴徒がアゴラを占拠するような混乱をもたらしてはいけない。専門知は素人知と手を組むことで、公共圏を新たなステージへと更新する必要がある。ここでもまた非理性を乗り越えた強靭な理性が求められている。

ただし、その場合主導権を握るのは、あくまで素人知であるべき点に注意しなければならない。そうでないと、専門知はすぐに強硬なものになってしまう。高度な政策が求められる現代政治においては、もともと専門知は優位な立場にあるのだ。たとえば、素人知として市民が参画するような機会は、一応市民の意見も聞いたという形式的なプロセスの一環として、ほとんどアリバイと化しているのが現実だ。

だからそのヒエラルキーを転倒させる必要がある。よく懸念されることだが、それは必ずしも市民の負担を増やすということにはならないだろう。むしろ素人知が主導権を握ることで、全体のスリム化が図られることが予測される。素人知の担い手は納税者でもあるのだから。強硬な専門知に取り込まれることなく、強靭な素人知を育んでいかなければならない。

ここでは民主主義の文脈で共同性を考察してきた。素人知と専門知のまだ見ぬ共同。しかし次は、もうすでに経済の世界で成果を挙げつつある共同性の例を見てみたい。

11　ポスト資本主義社会は共有がもたらす――シェアリング・エコノミー

資本主義が様々な問題を抱え、もはや行き詰まっているという認識が広がって久しい。ところが、近年急速に注目を浴びているのが、シェアリング・エコノミーの潮流である。しかし、シェアという発想自体は昔からあったようにも思える。今なぜシェアなのか、この古くて新しい発想を本質にさかのぼって考察してみたい。

協働型の営み

日ごろ私は、市民と共に「哲学カフェ」を開催している。哲学的テーマだけでなく、今社会で問題になっていることや話題になっていることもテーマにする。あるとき「シェアリング・エコノミー」をテーマに話し合った。印象的だったのは、年齢を問わず、多くの人がもうすでにこの新しい経済の仕組みを体験し、活用しているということだった。

山口のような田舎でもこのような現象が起きているのは、場所を選ばないインターネットというインフラを活用するものであることも関係しているのだろう。いずれにしても、行き詰まる資本主義を打開する切り札として、今世界的にシェアの波が広がっている。

これこそまさに、共同性の知の象徴、まったく新たなかつ最も勢いのある知だといっていいだろう。これまでこの世の中には、資本主義と社会主義の二つの選択肢しかなかった。そこに第三の道ともいうべき新たな経済体制、いや経済の仕組みが現れたのだ。綺羅星のごとく。文明評論家のジェレミー・リフキンは、『限界費用ゼロ社会』の中でこの現象を次のように描写する。

資本主義は今、跡継ぎを生み出しつつある。それは、協働型《コラボレーティブ》コモンズで展開される、共有型経済《シェアリングエコノミー》だ。共有型経済は19世紀初期に資本主義と社会主義が出現して以来、初めてこの世に登場する新しい経済体制であり、したがって、これが瞠目《どうもく》すべき歴史上の出来事と言える。

ここで着目すべきなのは、二つの点であろう。一つは、これが協働型の営みであるということ。もう一つは、資本主義にとって代わるものとして期待されているという点である。

るだろう。

この特徴が意味するところは、シェアリング・エコノミーの具体例を見れば、よくわか

象徴的なのは、シェアリング・エコノミーのパイオニアといってもいいUber《ウーバー》やAirbnb《エアビーアンドビー》ではないだろうか。

ウーバーは、自動車配車ウェブサイトや配車アプリを使って、効率的なタクシーの配車だけでなく、一般人が自分の空き時間と自家用車を使って他人を運ぶサービスを提供している企業である。エアビーアンドビーのほうは、宿泊施設や民宿を貸し出す人向けのウェブサイトの運営をしている企業である。

いずれにも共通しているのは、一般人が自分の資産を使ってサービスを提供しているという点である。これが一つ目の特徴である、協働型の営みが意味するところだ。ウーバーやエアビーアンドビーは、いずれもそのためのマッチングシステムを提供しているにすぎない。ところが、どちらも巨大企業として利益を上げている。

もちろん、サービス提供をしている一般人もお金を稼いでいるし、サービスを受ける側も手ごろな値段でよりよいサービスを受けている。だから広がっているのだ。

これが二つ目の特徴である、資本主義にとって代わるものという点と関係している。

富を生み出すパイを増やせる

このように書いても、いったい何が今までの経済の仕組みと異なるのか、まだ判然としないところがあるかもしれない。そこで、シェアリング・エコノミー研究の第一人者ともいっていいアルン・スンドララジャンによるシェアリング・エコノミーの定義を確認しておきたい。

彼は著書『シェアリングエコノミー』の中で次の五つのポイントを挙げている。

1　おおむね市場に基づく——財の交換が行なわれ新しいサービスが生まれる市場が形成され、より潜在力の高い経済活動が実現する。

2　資本の影響力が大きい——資産やスキル、時間、金銭など、あらゆるものが最大限活用される新しい機会が生まれる。

3　中央集権的組織や「ヒエラルキー」よりも大衆の「ネットワーク」が力を持つ——資本と労働力を供給するのは、企業や政府ではなく分散化された個人となる。ゆくゆくは取引を仲介するのも、中央集権的な第三者ではなくクラウドベースの分散型市場となる可能性がある。

4　パーソナルとプロフェッショナルの線引きが曖昧——車での送迎や金銭の貸し借

りといった、従来「私的」とされてきた個人間の行為が労働とサービスの供給源となり、しばしば商業化・大規模化する。

5　フルタイム労働と臨時労働、自営と雇用、仕事と余暇の線引きが曖昧——伝統的にフルタイムとなっている仕事の多くは、案件ごとに拘束時間や稼働率、従属度、独自性のレベルが異なる請負仕事に取って代わられる。

この五つの要素を一言でまとめるのは難しいが、スンドララジャンは「**クラウドベース資本主義**」という周到な用語を用いることで、この多くの特徴をうまく表現することに成功しているように思われる。つまり、インターネット上で活躍する一般大衆、クラウドが中心となって、新たな資本主義の形を実践し始めたということである（これが資本主義なのかどうかは、議論の分かれるところではあるのだが）。

その検証を行う前に、そもそもこうした性質を持つシェアリング・エコノミーが、いったいどのような利点をもたらしているのか確認する必要があるだろう。

まず、シェアリング・エコノミーが経済にプラスの影響を与えているのは間違いない。これが最大の利点だといえるだろう。これについてスンドララジャンは、次の四つの変化を指摘している。①「資本の影響力」の増大、②アクセスが「多様化」し、さまざまなモデルが現れることによる消費の変化、③産業経済の特徴であった「規模の経済」と「ネットワーク効果」が持つ性質の変化、④包括的な成長を約束する「経済機会の民主化」である。

つまり、これまで使っていなかった資本や労働力が使われることで影響を増し、新たな消費体験が生まれ、小規模でも効率よく生産することが可能になり、持たざる者も富を生み出す側に回れるということだ。

一言でいうと、シェアリング・エコノミーによって、富を生み出すパイを増やすことができるわけである。しかも、それが一部の富裕な者によってのみなされるのではなく、多くの持たざる者によって実現するという点がポイントだ。ここが単なる資本主義とは異なる部分だといっていいだろう。

それによって、多くの市民が多様な働き方を手に入れ、社会のアクターとして活発化してゆく。また、その結果として、社会には見知らぬ人との新たな絆や信用が生まれていく。もちろんシェアするということは、環境にもプラスに働く。このように、シェアリング・エコノミーは希望の星なのである。

では、なぜ突然このような経済が台頭し始めたのだろうか？　逆にいうと、なぜこれまでこんなにいいアイデアが実現されなかったのだろうか？

コモンズの利権

スンドララジャンの言葉を借りると、「馴染みのある活動を新しい形で実現する技術」がそれを可能にしたということになるのだろう。たしかに、テクノロジーの影響は大きい。先ほど例に挙げたパイオニア企業、ウーバーやエアビーアンドビーもそうだし、その他多くのシェアリング・サービスが、ネットを介してマッチングされているのはまぎれもない事実だ。

ネットのマッチング機能のほか、リフキンは3Dプリンターの例を挙げて、限界費用がゼロになったことと、IoTが広がっていることを指摘しているが、これらもまたテクノロジーのもたらした変化だといっていい。シェア、つまり共有という「馴染みのある活動」が、今になって突如として台頭してきた背景には、当然今の時代を象徴するテクノロジーの大きな変化が挙げられることは、想像に難くないだろう。

ただ、面白いのは、それだけにとどまらない歴史的視点、あるいは政治哲学的視点が見受けられる点である。リフキンは、コモンズを世界で最も古い、制度化された自主管理活動の場であると位置づけたうえで、『限界費用ゼロ社会』の中でその歴史的意義について指摘している。

コモンズの利権を共有し、その資源を分かち合うべく構想された自主管理と統治の民主的な形態は、人々を隷属状態に保つ専制的な封建制度の下で生き延びるための、適応力のある経済モデルだったのだ。

これは非常に重要な指摘だといっていいだろう。つまり、歴史上、コモンズは専制的な政治経済体制に対する抵抗として、人々がとった生きる知恵だったのだ。人々は、そうやって共有経済を形成し、封建社会を生き延びてきたというわけである。

というのも、ここでいうコモンズとは、権力に対抗して、自主管理しようとする経済組織のことを指しているからである。コモンズという知恵によって、搾取される弱い個人は互いに協力し合ってきたのだ。

そういう視点で現代社会を顧みると、今もまた強欲資本主義が私たちの生活を圧迫している現実が浮かび上がる。これは世界的な現象である。だからこそ、そんな専制的な政治経済体制に対抗すべく、世界規模で新たなコモンズが生じようとしているのだ。折しもテクノロジーのおかげで、そのコモンズはシェアリング・エコノミーとして、資本主義をも凌駕しようとしている。そんなふうにとらえることができるのではないだろうか。

ここでようやく、私たちはシェアリング・エコノミーが資本主義なのかどうかという問いに答えることができる。

答えはノーだろう。では、いったい何なのか？

第三のシステム「グローバル・ヴィレッジ・シェア」

これまでは資本主義ではないことイコール社会主義を意味した。たしかに、共有は社会主義の専売特許だった点に鑑みると、そうともいえるのかもしれない。ただ、シェアリング・エコノミーが社会主義の掲げる経済体制とは大きくかけ離れていることは、これまで紹介してきた例からわかっていただけると思う。

雑誌『ＷＩＲＥＤ』の創刊者であるケヴィン・ケリーは、好んで「デジタル社会主義」という言葉を使う。なぜならシェアリング・エコノミーを支えるデジタルカルチャーが、コミューン的な性質を帯び、集産主義的な協働をベースにしていること自体は間違いないからだ。

しかし、ケリーは著書『〈インターネット〉の次に来るもの』の中で、それがいわゆる社会主義とはまったく異なる種類のものであることを強調している。

一方で新しいデジタル社会主義は古い赤旗の社会主義とは違い、国境のないインターネットの上でコミュニケーションのネットワークが広がり、しっかりと統合されたグローバル経済を通して形にならないサービスを生み出している。それは個人の自律性を高め、中央集権化を妨げるように設計されている。つまり極端な分散化だ。

ケリーのいうように、シェアリング・エコノミーは、国家の枠を超えて、グローバル社会に生起している現象なのだ。しかもそれは、誰にも統制されることのない個人単位の極端な分散型経済システムにほかならない。だから社会主義ではありえないのだ。

資本主義とは異なり、共有という社会主義的な要素を核にしつつも、社会主義に不可欠の中央集権化を忌避するシステム。これはもうまったく新しい第三のシステムであるといっても過言ではないだろう。

そこで、このシステムを「**グローバル・ヴィレッジ・シェア**」という言葉で表現したいと思う。なぜなら、テクノロジーのおかげで、グローバルな規模で瞬時にシェア可能である点が、シェアリング・エコノミーの最大の特徴の一つだからだ。そして、グローバルな規模で生起しているがゆえに、共有という概念を核としつつも、国家体制という胡散臭さや、ムラ社会という閉塞性を免れている。ところが、これがあたかも一つの村、ヴィレッジのごとくシェアのコミュニティを形成していることは確かなのだ。

同じ村で助け合うかのごとく、地球上で助け合う人々。にもかかわらず、そこには一切閉塞感がない。これは新しい経済体制であるだけでなく、優れて可能性を秘めた、新たな政治共同体を予期させるものであるといっていいだろう。おそらくこれまで実現できなかったタイプの連帯が可能になるはずだ。だから、私はここに新たな公共哲学の幕開けを感じている。

コラボ消費

スンドララジャンは、シェアリング・エコノミーのおかげで、産業革命によって失われた社会的文脈に代わる新体制が生まれるかもしれないと予言している。かつて社会学者のエミール・デュルケームは、技術の進歩が人々のつながりを破壊してしまったと嘆いたが、現代のテクノロジーに支えられたシェアリング・エコノミーは、新たな紐帯を生みだしつつあるというわけだ。

『シェア』の著者レイチェル・ボッツマンとルー・ロジャースは、このシェアの潮流を「**コラボ消費**」と名付け、そこに単なる消費活動の領域を超えた公共的意義を見出しているように思われる。たとえばそれは、彼らが使う「活発な市民に戻ることができる」といった表現や、「公共の善のために協調できる」といった表現からもうかがいしれる。スンドラジャンやボッツマンらが描いているのは、シェアリング・エコノミーによって人々が新しいタイプの共同体を作り上げる未来だといっていいだろう。しかもそれは個人を主体として、地球規模で形成される。

その点では、アントニオ・ネグリとマイケル・ハートが『コモンウェルス』で論じた未来の理想社会にも似ている。彼らのいうコモンウェルスは、所有の概念を超えた〈共〉と表現される富のことである。したがって、それを軸に描き出される理想の社会もまた、所有の概念から解き放たれた家族、企業、ネーションの障壁を超えた共同体だといってよい。

必然的にそこでは新たなシェアの形が模索されることだろう。もっとも、彼らの主眼が国民国家に代わる新たな政治的共同体の構築にある点で、シェアリング・エコノミーの議論とは若干次元を異にしているように思われる。

シェアリング・エコノミーがもたらすのは、あくまで世界規模で生じる人々の実質的なつながりと、そこにおける新たな倫理にほかならない。それはかつて日本社会に存在した助け合いの倫理、お互いさまの精神のようなものである。

実際、平安時代末期から鎌倉時代にかけて生まれた「頼母子《たのもし》講《こう》」という相互扶助のための保険の仕組みを日本のシェアリング・エコノミーの源流と見る立場もある（井手英策「なぜ、いま『シェアリングエコノミーなのか』」『はじめよう　シェアリングビジネス』参照）。

新しい親密さ

ただ、かつての日本の助け合いの精神と違って、現代のシェアリング・エコノミーにおける公共哲学ともいうべきものは、もっと開かれている。シェアリング・エコノミーが話題になるかなり前に、かつて私は『ご近所の公共哲学』という本の中で、「シェアするコミュニティ」という提案をしたことがある。

日本社会におけるコミュニティの機能不全が問題となる中、閉塞的なムラ社会とは異なる新たなコミュニティのあり方として提案したものだ。コミュニティはそもそもシェアするために、つまり助け合うために存在すると思うのだが、それができていないということは、何か問題があるはずだ。私はそれを「濃密さ」のせいだと考えた。

本来、シェアはより快適な毎日を過ごすために求める。ところが、そこに濃密さが絡んでくると、快適ではいられない。だから濃密さを解消する必要があるわけだ。代わりに私が提示したのは、「**新しい親密さ**」であった。他者との共有を可能にするのに必要な、最低限度の人付き合い。具体的には、次の三つの要素で構成される。

①認知（挨拶程度）
②ミニマムな情報共有（向こう三軒両隣の家族構成と家庭の事情）
③暗黙のコンセンサス（必要な時には助け合うという暗黙の合意）

ここでのポイントは、シェアをインフラのようにとらえ、自分の都合に応じて利用するという気軽さだ。つまり、車がなくて困っているとき、近所の人に頭を下げて借りるというのでは使いにくい。それにそのために日ごろから良好で濃密な人間関係を築いておく必要も出てくるだろう。そうならないようにしたいのだ。

その点で、グローバルな規模で展開するシェアリング・エコノミー、私のいう「グローバル・ヴィレッジ・シェア」においても、同様の発想が可能だし、それこそが求められているように思われる。

今世界の人々が暗黙裡に共有している公共哲学は、そうした新しい親密さであり、その中で一人ひとりがシェアのために自分の役割を果たしている。もちろん、新しい親密さといっても、日本のコミュニティに求められるそれと、シェアリング・エコノミーが生み出すグローバル・コミュニティに求められるそれは、必然的に変わってくるだろう。

後者における親密さは、①最低限度の信用を得るための情報開示、②シェアを濃密なものにしないためのプライバシーへの配慮、そして何より、③シェアリング・エコノミーの担い手であるという自覚によって構成されるのではないだろうか。

なぜなら、まったく信用のないところで、取引は起こり得ない。いくらインターネットが匿名性を売りにしていたとしても、それが経済システムとして成り立つためには、最低限度の情報開示、情報の共有は必須であろう。その真摯な態度が、シェアを保障しているのだ。

プライバシーへの配慮は、そうした情報開示を担保するものとして求められる。情報の開示によって、シェアの当事者間で取引を越えた関係性が生じてはいけない。ウェブで申し込むと当たり前のようにダイレクトメール送付の可否が問われるのは、望ましいとはいえない。その問い自体が、すでにシェアの関係性を越えているのだ。あたかもそれは、ご近所に回覧板を持って行っただけなのに、生活に関することを根掘り葉掘り尋ねられるわずらわしさに似ている。

最後のシェアリング・エコノミーの担い手であるという自覚とは、グローバル・ヴィレッジの担い手であるという自覚と言い換えてもいいだろう。つまりそれは、小さな村のように誰もが集うことのできる場所となったこのバーチャルな地球において、一人ひとりがその利点を生かそうと活動する積極的な態度にほかならない。

この態度なくしては、グローバル・ヴィレッジは成立しないし、当然そこでの経済システムとしてのシェアリング・エコノミーも成り立ちえないだろう。

もっとも、シェアリング・エコノミーは、誰もが参加できる柔軟性と可能性がある一面、他方で、それに従事する人たちの社会的地位や安定性にまだまだ課題がある。社会的な制度が追い付いていないのだ。この潮流が進展するにつれ、さらに新たな課題が生じてくるものと思われる。

しかし、先ほどの新たな親密さを形成する諸要素、いわばシェアリング・エコノミーの公共哲学さえ基本に据えられていれば、正しい対処をすることができるはずである。シェアリング・エコノミーが一時のブームで終わってしまい、もう一度資本主義の専制に服するか、それとも自由と平等が両立する新たな未来を紡ぎあげられるかは、このシェアリング・エコノミーの公共哲学をいかに構築していけるかにかかっている。

こうなると、残された問題はただ一つだろう。それはシェアリング・エコノミーでさえも救えるかどうかわからない、この地球上で最も解決困難な問題の一つ、貧困である。世界中の人間が幸福になるにはどうすればいいか、最後にじっくりと考えてみたい。

12　自分と他者を同時に幸福にする——効果的な利他主義

この世に助け合いが必要なことは誰もがわかっている。しかしその方法や程度については、コンセンサスが得られていない。残念ながら、人間は利己的な存在である。その利己的な部分をいかに抑えて、あるいは逆に生かして、他者を幸福にできるか。グローバルな規模での助け合いをも視野に入れつつ、最後に考察してみたい。

与えるために稼ぐ

〈効果的な利他主義者になる方法〉

これは新しいアイデアなどをプレゼンするイベント、TEDトークにおける哲学者のピーター・シンガーによるスピーチのタイトルだ。

シンガーは困っている人をできるだけ多く助けたいのなら、金融街で働けばいいという。人助けをしたいと思っている人は、普通そんなところでは働きたくないはずだ。もっとＮＰＯとかＮＧＯとかで、直接人助けをする仕事をしたいと思うだろう。でも、そのせいで救えない人が出てくるとすればどうだろうか？

もともとシンガーは、幸福の量が最大になることが正しいことであるとする功利主義の理論家として有名な人物だ。彼の提唱する効果的な利他主義も、功利主義の発想に基づいている。シンガーは、この思想を紹介した著書『あなたが世界のためにできるたったひとつのこと』の中で、こう説明している。

効果的な利他主義は、非常にシンプルな考え方から生まれています。「私たちは、自分にできる〈いちばんたくさんのいいこと〉をしなければならない」という考え方です。

たしかにこんなにわかりやすいロジックはない。人助けをしたいなら、一番人を助けられる方法を取るのが正しいに決まっているというわけだ。とするならば、ＮＧＯで体を張ってわずかな人たちを助けているより、金融街でお金をたくさん稼いで寄付をしたほうが、人助けという目的を達成するにはいいということになる。

ただ、これではまるで自分がお金を稼ぐ機械になっているような気になってしまうのも否めないだろう。いくら人助けができても、自分の気持ちはどうなるのかと。おそらく効果的な利他主義は、このジレンマをクリアできる人向けということになるのだと思われる。

シンガーはそういう人たちのことを、「与えるために稼ぐ」と表現する。与えるために稼ぐ生活を送っている人たちは、そのこと自体にやりがいと誇りを感じ、充実した毎日を過ごしているというのだ。これは子どものために働く親を考えてみればわかるだろう。

親のほとんどは、自分の自己実現もあるかもしれないが、基本的には子を持てば子どものために働いているという人が多いのではないだろうか。しかも、それを苦痛に思うのではなく、むしろそのことに喜びと生き甲斐を感じてさえいるのだ。見知らぬ他者、とりわけ困っている人に対して同様の感情を抱く人がいてもおかしくはない。

他に代替手段はないのか

そしてシンガーは、効果的な利他主義に対する批判は、20年もすれば過去の遺物になるとして、次のように断言する。

ブルッキングス研究所が行った研究によると、ミレニアル世代はこれまでのどの世代よりも企業の社会的責任への関心が高く、社員として「社会問題を毎日の仕事の一部にし、それを仕事に反映させたい」と望んでいるそうです。仕事と社会的な価値を結びつける方法はいくつもあります。それに適した状況にいる特定の人にとって、与えるために稼ぐという生き方は、そのうちのひとつなのです。

今、日本でも社会起業家が増えてきている。彼らはまさに社会問題を仕事にし、自分の仕事と社会の価値を結び付けようとしている。しかし、シンガーの提案は、あくまで資本主義における競争を前提としている。いや、むしろ肯定しているといったほうが正確だろう。貧困にあえぐ人がいても、お金を稼ぐ人が寄付をすればいいと考えているのだから。ここがどうも引っかかるのだ。

これはあたかも水道の栓を開けたまま水をためようとする行為に似ていないだろうか。なぜなら、貧困が生じないようにするのではなく、それを生み出している資本主義によって貧困を抑えようとしているからである。もちろんシンガーは、こうした疑問に対しても反論を試みている。

まず、貧しい人がそれ以上貧しくならないのであれば、富める人が手を差し伸べることのできるシステムのほうがいいということ。そして何より、資本主義がだめだからといって、他に代替手段がないというふうに。

はたして本当にそうなのだろうか？　富める人がお金で解決するのが正しいのだろうか。また、社会主義の幻想に向かうことなく、資本主義に代替する方法を考えることはできないのだろうか。

リベラルな社会の定義

ここで参考になるのが、サミュエル・ボウルズの「**モラル・エコノミー**」という提案だ。ボウルズは、実験経済学をベースにしながら、そこに市民社会思想を取り入れて、まさに既存の学問の垣根を越えようとしている。それは、人々が利己的な行動をとると予測される場面でも、むしろ倫理的に動機づけられた他者考慮的な行動をとるというものである。

一言でいうと、インセンティブと道徳が代替的ではなく、補完的であることを訴えているわけである。

ボウルズはこんな例を挙げて持論を展開している。それは、イスラエルのハイファにある託児所で実際にあったケースだ。この託児所では、親が子どもの迎えに遅刻した場合、罰金を科すことにした。すると、親たちは遅刻をしなくなるのではなく、むしろ罰金を払って堂々と遅刻するようになったというのだ。

これはインセンティブが倫理的な動機をクラウディングアウトする（＝押し出す）例として紹介されている。つまり、インセンティブが、「支払いをすれば遅刻しても構わない」といった誤ったメッセージを伝えてしまった。ということは、逆にインセンティブが伝える情報を変えることで、社会的選好とクラウディングインする（＝補完し合う）可能性を見出すことができるとボウルズは考えるのである。

その鍵を握るのが、「リベラルな社会」という概念である。ボウルズは著書『モラル・エコノミー』の中で次のように断言する。

わたしは、市場に基づく多くの社会における活気ある市民文化に関する難題が、地理的および職業的な移動性、法の支配、そしてリベラルな社会の他の側面が、いかにして市民的徳を支えることによって、社会秩序を維持しているかということに注意を払うことによって解決されると示唆してきた。もしわたしが正しいならば、リベラルで民主的で、市場に基づく社会で人々が直面するインセンティブや制約は、実験においてはかなり共通に観察される社会的選好のクラウディングアウトではなく、むしろ一種のクラウディングインをもたらすのである。

つまり、ボウルズがいうところのリベラルな社会が市場と相乗効果を生むときに限り、市民的徳が涵養され、社会的選好のクラウディングインがもたらされるというのである。そしてそのためには、リベラルな社会は、「地理的および職業的な移動性、法の支配」によって定義されるものであらねばならない。いわば、法の支配と同時に、社会保険が充実し、職業選択や地理的移動の自由が保障されていなくてはいけないのである。

一抹の不安

当然のことながら、こうした社会は権力によってきちんと管理される必要がある。ボウルズは、これこそまさにかつてアリストテレスが立法者の概念によって達成しようとしたことにほかならないと指摘する。古代ギリシアでは、インセンティブと制約が、人々の倫理的で他者考慮的な気質に対して、相乗効果をもって作用するように公共政策を考えていたというのである。

ボウルズはここで思考実験を披露する。タイムトラベルしたアテナイの民会のメンバーが、遅刻する親に対する託児所の政策を設計したらどうなるか考えるのである。それによると、アテナイ人なら罰金と同時に道徳的メッセージを送るだろうという。

その結果、親の倫理的関心がクラウディングインされ、罰金と道徳的メッセージが補完し合うというわけである。こうしてボウルズは、「モラル・エコノミー」の概念を次のように結論付けている。

社会的選好の中には利己心以上に、社会的に価値ある目的、あるいは少なくとも無害な目的へとつなげることが難しいものがあるかもしれない。そして寛大さ、公共心および市民的徳といった正の社会的選好は政策立案者には脆弱な資源であるかもしれない。つまり、立法者と公共政策によって強められるかもしれないし、あるいは不可逆的に弱められるかもしれない、そういった資源である。こうしたことは、悪党に関するヒュームの原則を次のように拡張することを提案する。優れた政策と立法とは、利己心を抑制するだけではなく、公共心に基づく動機を呼び覚まし、育成し、そして強めることによって社会的に価値ある目的を支えるものである。

道徳的メッセージを送る立法者は、利己心を抑制するだけでなく、公共心を強めるものでなければならない。しかしそれにはかなりの力が必要だろう。ボウルズの提案が魅力的なものでありながらも、一抹の不安を覚えさせるのは、この立法者に求められる力の大きさにある。古代ギリシアと現代の民主社会は、自ずと性質が異なるからである。

とはいえ、ボウルズの議論は、公共政策によって一つの国家を改善するには有益な思想であることは間違いない。これに対して、グローバル社会のように中央の権力を欠く領域を改善するにはどうだろうか？

グローバル社会においても公共心を涵養できればそれに越したことはないだろう。ただ、それは世界平和を達成するのと同じくらい困難なタスクなのだ。そこで、国家単位で構成される現実の国際社会を前提に、グローバル社会に生起する貧困に対峙するための方法を考えなければならない。

コスモポリタニズムからの提言

そこで着目したいのが、コスモポリタニズムからの提言である。

たとえばトマス・ポッゲは、「最低限の義務」という概念を掲げることによって、国際正義の実現を提唱している。ポッゲは『なぜ遠くの貧しい人への義務があるのか』の中で次のように述べている。


このかなり制限された意味において、我々は世界の貧困層に害を加えている（より明確には彼らの人権を大規模に蹂躙している）と私は信じる。これは我々が隠者か〔人権の欠損を生み出す世界秩序についての責任がより少ない社会への〕移民にでもならなければならないということを意味するわけではない。我々は制度的改革のための、または現在の制度的不正義の犠牲者たちを保護するための努力に貢献することで、我々が集団として与えている害への貢献に対して補償することもできる。

「かなり制限された意味において」という点に関して、ポッゲは対象を人権の欠損に限定したり、予見可能な場合に危害を限定している。それでもやはり国際社会を支えている先進国の人たちは、人権が保障されない人たちに一層の窮状をもたらすような制度を放置しているという点で、危害を加えているといえるのだ。

実際、先進国は途上国の政治の腐敗や人権問題を放置したまま、天然資源の供給を求めようとする。時には武器の売買に関わることさえある。こうした状況を解消することこそが、最低限の義務だということになる。

さらにポッゲは、「果たしうる義務」についても提唱している。それは、グローバルな資源の配当という名の基金のことである。資源の生産の1％を途上国のサービスに役立てることで、地球上のすべての人に基本的なインフラを供給できるというのだ。日本を含めた先進国で裕福な生活を送る人間は皆、ポッゲのいう最低限の義務を負っているのである。したがって、何もしないことは、その義務違反になってしまうのだ。

この義務の履行は、国家単位で行うことができる。いや、国家単位でしかできないといったほうが正確だろう。グローバルな公共性は、今なお国家を主要なアクターとしているのである。残念ながら国際機関の多くは国家に強制する力まではもっていない。NGOなどの国際的なネットワークも、環境分野の一部のNGOが国家に影響を及ぼすほど力をつけてきているものの、まだ強制力をもつまでには至っていない。それに国家を通じて富の再分配をすることが必ずしも悪いとはいえない。

そもそも共同性の知に関する議論は、限られた資源をどう分け合うかという問題意識から生じているといってよい。これについては、基本的には自由競争に委ねるにしても、やはり何らかの再分配が求められるわけである。そのための知恵として、新たな共同性のあり方が様々な形で模索されているのだ。個人の知恵には限りがあるのだから。

今こそ偏狭的で利己的な理性主義を超えて、もっと寛容で利他的な理性主義が求められている。それは国家の次元でも、グローバルな次元でも同じことだといえる。そしてそれが従来の理性主義をアップグレードした強靭なものであるならば、たとえ国家の力を通じて自由や平等が実現されるとしても、過度に懸念することはないだろう。

新しい公共哲学は、決して理想を謳うことで満足してしまってはいけない。ポスト・グローバル社会において、今私たちに求められるのは、実現可能な未来像を描くことである。そのためには、ただ闇雲に国民国家の存在を非難している暇はない。そんな実現可能な未来のための新しい公共哲学については、この後、「おわりに」でまとめることとしよう。

第Ⅳ部のまとめ

第Ⅳ部では、ニュー・プラグマティズム、シェアリング・エコノミー、効果的な利他主義をキーワードに、共同性の知について論じてきた。もはや一人の人間の力だけで物事を解決できるような時代は終わってしまったのだ。

いずれの項目でも言及したのは、連帯だといっていいだろう。限られた資源の中で、かつ多様な価値観や自由な競争を認めながら、それでも誰もが共存していける社会をつくるには、連帯のための方法を考えるよりほかない。

基本的な考え方は古くからあるものだが、環境の変化とともに新しい発想や位置づけが求められている。とりわけグローバルな環境で、人間が連帯していくためには、これまでとは違った社会への関わり方が必要になるのだ。少なくとも従来の公共哲学におけるアクターとしての「私」は、常に多様な「私たち」であることを意識していかなければならないだろう。

おわりに　未来のための新しい公共哲学

〈多項知〉のポテンシャルを開花させよ

本書では、12個の新しいキーワードを通して、今私たちがどんな時代を生き、いったいどんな問題を抱えているのかを明らかにしてきた。その中で、各々のキーワードに関係する範囲で、新しい公共哲学を模索してきた。

そこで最後に、全体を通じて私がいいたかったこと、そして本書で扱った全キーワードをカバーするような新しい公共哲学について論じておきたい。いわば本書のまとめである。一部本文の内容と重複するところもあるかもしれないが、全体を描く都合上必要なので、ご容赦いただきたい。

まず確認しておきたいのは、公共哲学は社会の問題を解決するために存在するという点である。したがって、社会環境の変化や、その変化に付随して生じる問題状況が変わってくれば、それに応じた新しい公共哲学が求められてくる。だから、新しい公共哲学を提案したわけである。

では、公共哲学とは何か？

最初に述べたように、それは「私」と社会をいかにつなぐかを考える学問である。自分がいかにして社会に関わり、その社会を変えていくか。昔はこの問いに対する答えは、二重の意味でシンプルであった。とにかく社会をよくするために、自分はできる限りのことをやればよかったのだから――たとえ自分を犠牲にしたとしても。滅私奉公の精神である。これが一つ目のシンプルさだ。

もう一つは、ゴール、つまり目指すべき社会像が明らかだったという点である。だから、がむしゃらに頑張って、数値目標のような明確なものを達成していれば、それだけでよかったのである。極端にいえば、手段を問わず、とにかく量的な幸せを増やせば、それで称賛されたわけである。

しかし、現代はそんな単純な話では済まなくなってしまっている。自分を犠牲にするようなやり方は、もはや通用しない。個人の権利と自由はますます拡大し、むしろ肥大化しつつあるといっても過言ではない。

また、ゴールもまったく複雑なものになってしまった。社会そのものが複雑化することで、その目指すべき形が見えないのだ。それはテクノロジーひとつとってみてもわかるだろう。インターネット社会もどうあるべきかわからないので、ただ無秩序に広がるのを指をくわえて見ているしかない。

ある意味で、「私」が社会を変えるという公共哲学のモデルは、もう役割を終えつつあるのかもしれない。「私」は蚊帳の外にあり、まったく別の要素が社会を蝕んでいるのが現状だ。その要素こそ、本書で論じた四つ、すなわち、感情、モノ、テクノロジー、共同性にほかならない。

これらの諸要素は、「私」の存在などお構いなしに、自分たちの都合のいいように社会を変えていく。もちろんその背後には人間がいることもあるし、「私」も共犯者なのかもしれない。しかし、それが制御不能になっているという意味では、やはり「私」はもう蚊帳の外なのだ。

個人の知が通用しなくなり、必要とさえされなくなった今、感情の知、モノの知、テクノロジーの知、共同性の知といった多様な知がとって代わろうとしている。これが〈**多項知**〉である。〈多項知〉は、その意味では、個人の知のオルタナティブであるともいえる。〈多項知〉がうまく機能するならそれでもいいだろう。でも、決してそうはならないし、もうすでに多くの問題を生み出している。極端な話、ＡＩが人間の知に代わるものとしてうまく社会を運営してくれるならいいが、それでは人間が不幸になる可能性があるのだ。これについては本文で述べたとおりである。

ＡＩはたしかにポテンシャルを秘めているが、あくまでそれは人間がコントロールできた場合の話である。そう、〈多項知〉がいずれも、ポテンシャルを秘めているのはたしかなのだ。そのポテンシャルがいい方向に開花するかどうかは、人間あるいは個人のコントロールにかかっている。

「私」が主役に躍り出る日

個人の知の根本にあるのが理性であったとしたら、〈多項知〉の根本にあるのはその反対の概念としての非理性だといっていいだろう。つまり、理性が非理性的なものをきちんとコントロールできれば、〈多項知〉は大きな力となりうる。この場合、感情の知、モノの知、テクノロジーの知、共同性の知のそれぞれで、非理性的な要素は異なっている。したがって、その各々の非理性的な部分を克服していく必要がある。それができて初めて、理性は強靭なものとなるのだ。あたかも脳が機能を拡張するかのごとく、理性そのものがアップグレードされるわけである。

そのために求められるのは、新たな潮流を知り、変化を受け止め、真摯に学び、完全に身に付けることである。最後まで読んでいただいた読者はすでにお気づきかと思うが、本書はそのための手引きとなっている。

そうしてすべての知を取り込んだ新たな「私」は、再び主役の座に躍り出る。「私」が

〈多項知〉を最大限活用して、社会を変えていくのである。その点では、「私」が社会を変えるという従来の公共哲学のモデルは基本的には維持されている。異なるのは、その「私」と社会の間に〈多項知〉が介在していることである。

その〈多項知〉が「私」の外にあると考えれば、従来の公共哲学のモデルは放棄せざるを得ない。そもそも「私」は不要になるだろう。〈多項知〉が社会を変えるということになるのだから。

しかし、そうではないはずだ。〈多項知〉は「私」とつながっているのである。かといって、「私」に回収してしまえるほど存在意義の小さなものではない。だから、「私」が〈多項知〉を駆使して社会を変えるというのが一番正確だといってよい。

そしてそれこそが新しい公共哲学の形にほかならないのだ。

自分の可能性を広げる手段

先ほど「私」が主役だと書いたが、この認識は非常に重要である。この世界を変えるのが、「私」以外のものであってはいけない。なぜなら、「私」とは特定の誰かではなく、みんなだからだ。したがって、「私」以外だと誰も存在しないということになってしまう。これは誰かがやるだろうと思ってみんながやらないと、結局誰もやらなくなってしまう状況と同じである。

だから公共哲学においては、必ず「私」が求められるのだ。そして本書では、その「私」が、〈多項知〉という複数の項からなるネットワーク状の知をつなぎ合わせる役割を担うことが強調されている。

このつなぎ方が問題なのだが、ごく単純にいうと、それは主役である「私」がハブとなって、他の項の知を参照しながら社会のあり方を考えていくということになる。事柄によっては、複数の項をつなぎ合わせる必要性も出てくるだろう。

自分だけでは解決できない問題や、手に負えそうにない問題を前にして、かたくなに自分の理性だけに頼ろうとするのではなく、時に感情に委ね、時にモノの視点に立ち、時にテクノロジーを使い、時に他者との共同(協働)を模索する。そういう開かれた態度が、自分の理性の秘められた扉を開くのである。

こういっていいなら、新しい公共哲学は、自分の可能性を広げる手段でもあるのだ。今回私が取り上げたのは四つの項だ。だが、あえて〈四項知〉とは表現しなかった。本書で紹介したハーマンの魅力的な概念「四方界」には、正直強い誘惑を覚えた。ハーマンもまたハイデガーの四つの極に影響を受けている。

ただ彼らと違って、私の目的は今ある世界の曼荼羅を正確に描くということではない。

そうではなくて、あくまで自分の可能性を強調したかったのだ。パスカルが「考える葦」と表現したとおり、人間はか弱い存在だ。だが、考えることができる。その際、自分の外部の知を使うこともできるのだ。その外部の知が多ければ多いほど、私たちの知が拡大することになる。

変革の波を取り入れよ

これからも新しい知が出てくることだろう。私たちの想像もつかないような多くの新しい知が。しかし、それらの知は人間にとって脅威ではなく、むしろ味方なのだ。その可能性を見据えて、来るべき新しい公共哲学のために〈多項知〉という用語を採用した。

ここで注意が必要なのは、そうした新しい公共哲学は、決して絵に描いた餅ではいけないということだ。私たちは、実現可能な未来のための公共哲学を模索しなければならない。抽象的な理論を振りかざすだけで自己満足しているような哲学はもはや不要だろう。

哲学の看板を掲げながらも、本書が現実の現象を追いすぎているように見えたり、さらには現実に迎合しているかのように見えたとしたら、それは私の目論見通りである。

人間には感情がある。怒りを隠蔽することなどできない。インターネットがいくら危険だとしても、もはやそれを捨てて山の中で生きるわけにはいかない。国家が嫌いでも、それを解体するところまで考えていては100年かかるだろう。時代の変化と衰退は待ったなしの状態にある。私たち自身が今すぐ変わらなければ、終わりなのだ。

最後にもう一度繰り返しておきたい。いま公共哲学に求められているのは、非理性を超克し、より強靭な理性によって社会を変えることである。そのためには、理性を磨き上げることだ。変革を恐れてはいけない。むしろ変革の波を新たな知として取り入れよ。

そして〈多項知〉によって自らをアップグレードせよ！

さて、本書の執筆に当たっては、多くの方々に大変お世話になりました。とりわけ講談社現代新書の米沢さんには、企画の段階から校正に至るまで、全プロセスにおいて、きめ細かなサポートをしていただきました。この場をお借りして、お礼を申し上げたいと思います。

最後に、本書をお読みいただいたすべての方に改めて感謝を申し上げます。

2018年1月　新しい時代の幕開けの日に

小川仁志

主な引用・参考文献（参照順）

森本あんり『反知性主義』新潮社、2015年
池田純一『〈ポスト・トゥルース〉アメリカの誕生』青土社、2017年
ヤン＝ヴェルナー・ミュラー著、板橋拓己訳『ポピュリズムとは何か』岩波書店、2017年
吉田徹『ポピュリズムを考える』NHK出版、2011年
ミシェル・ウエルベック著、大塚桃訳『服従』河出書房新社、2015年
ウルリッヒ・ベック著、鈴木直訳『〈私〉だけの神』岩波書店、2011年
ユルゲン・ハーバーマス、チャールズ・テイラー、ジュディス・バトラー、コーネル・ウェスト著、エドゥアルド・メンディエッタ、ジョナサン・ヴァンアントワーペン編、箱田徹、金城美幸訳『公共圏に挑戦する宗教』岩波書店、2014年
ジョン・ヒック著、間瀬啓允訳『増補新版　宗教多元主義』法蔵館、2008年
レザー・アスラン著、白須英子訳『変わるイスラーム』藤原書店、2009年
北田暁大、神野真吾、竹田恵子編『社会の芸術／芸術という社会』フィルムアート社、2016年
宮津大輔『アート×テクノロジーの時代』光文社新書、2017年
ボリス・グロイス著、石田圭子、齋木克裕、三本松倫代、角尾宣信訳『アート・パワー』現代企画室、2017年
カンタン・メイヤスー著、千葉雅也、大橋完太郎、星野太訳『有限性の後で』人文書院、2016年
千葉雅也『動きすぎてはいけない』河出書房新社、2013年
マルクス・ガブリエル、スラヴォイ・ジジェク著、大河内泰樹、斎藤幸平監訳『神話・狂気・哄笑』堀之内出版、2015年
マルクス・ガブリエル著、清水一浩訳『なぜ世界は存在しないのか』講談社、2018年
『現代思想』2018年1月号、青土社、2018年
篠原雅武編『現代思想の転換2017』人文書院、2017年
Peter Gratton, *Speculative Realism: Problems and Prospects*, bloomsbury, 2014
スティーブン・シャヴィロ著、上野俊哉訳『モノたちの宇宙』河出書房新社、2016年
グレアム・ハーマン著、岡嶋隆佑監訳『四方対象』人文書院、2017年
『現代思想』2015年1月号、青土社、2015年
『現代思想』2015年6月号、青土社、2015年
マヌエル・デランダ著、篠原雅武訳『社会の新たな哲学』人文書院、2015年
フランソワ・ダゴニェ著、大小田重夫訳『ネオ唯物論』法政大学出版局、2010年
ルネ・デカルト著、谷川多佳子訳『方法序説』岩波書店、1997年
松尾豊『人工知能は人間を超えるか』KADOKAWA、2015年
レイ・カーツワイル著、井上健監訳『シンギュラリティは近い』NHK出版、2016年
ダニエル・C・デネット著、土屋俊訳『心はどこにあるのか』筑摩書房、2016年
マレー・シャナハン著、ドミニク・チェン監訳『シンギュラリティ』NTT出版、2016年
アンドリュー・キーン著、中島由華訳『インターネットは自由を奪う』早川書房、2017年
ドミニク・カルドン著、林昌宏、林香里訳『インターネット・デモクラシー』トランスビュー、2012年

ウィリアム・Ｈ・ダビドウ著、酒井泰介訳『つながりすぎた世界』ダイヤモンド社、２０１２年
イーライ・パリサー著、井口耕二訳『閉じこもるインターネット』早川書房、２０１２年
ミシェル・フーコー著、田村俶訳『監獄の誕生』新潮社、１９７７年
ブルース・シュナイアー著、池村千秋訳『超監視社会』草思社、２０１６年
ジグムント・バウマン、デイヴィッド・ライアン著、伊藤茂訳『私たちが、すすんで監視し、監視される、この世界について』青土社、２０１３年
ジョン・デューイ著、清水幾太郎訳『哲学の改造』岩波書店、１９６８年
リチャード・ローティ著、冨田恭彦訳『連帯と自由の哲学』岩波書店、１９９９年
伊藤邦武『プラグマティズム入門』筑摩書房、２０１６年
ジョン・マクダウェル著、大庭健編・監訳『徳と理性』勁草書房、２０１６年
宇野重規『民主主義のつくり方』筑摩書房、２０１３年
大賀祐樹『希望の思想』筑摩書房、２０１５年
小川仁志『脱永続敗戦論』朝日新聞出版、２０１５年
ジェレミー・リフキン著、柴田裕之訳『限界費用ゼロ社会』ＮＨＫ出版、２０１５年
アルン・スンドララジャン著、門脇弘典訳『シェアリングエコノミー』日経ＢＰ社、２０１６年
ケヴィン・ケリー著、服部桂訳『〈インターネット〉の次に来るもの』ＮＨＫ出版、２０１６年
レイチェル・ボッツマン、ルー・ロジャース著、関美和訳、小林弘人監修『シェア』ＮＨＫ出版、２０１０年
一般社団法人シェアリングエコノミー協会監修『はじめようシェアリングビジネス』日本経済新聞出版社、２０１７年
アントニオ・ネグリ、マイケル・ハート著、水嶋一憲監訳『コモンウェルス上・下』ＮＨＫ出版、２０１２年
小川仁志『ご近所の公共哲学』技術評論社、２０１１年
ピーター・シンガー著、関美和訳『あなたが世界のためにできるたったひとつのこと』ＮＨＫ出版、２０１５年
サミュエル・ボウルズ著、植村博恭、磯谷明徳、遠山弘徳訳『モラル・エコノミー』ＮＴＴ出版、２０１７年
トマス・ポッゲ著、立岩真也監訳『なぜ遠くの貧しい人への義務があるのか』生活書院、２０１０年

講談社現代新書　2465

哲学《てつがく》の最新《さいしん》キーワードを読《よ》む　「私《わたし》」と社会《しゃかい》をつなぐ知《ち》

二〇一八年二月二〇日第一刷発行

著者　小川《おがわ》仁志《ひとし》　

発行者　鈴木　哲

発行所　株式会社講談社

東京都文京区音羽二丁目一二―二一　郵便番号一一二―八〇〇一

電話　〇三―五三九五―三五二一　編集（現代新書）

〇三―五三九五―四四一五　販売

〇三―五三九五―三六一五　業務

装幀者　中島英樹

印刷所　凸版印刷株式会社

製本所　株式会社国宝社

定価はカバーに表示してあります　Printed in Japan

N.D.C. 139　206p　18cm

ISBN978-4-06-288465-5

「講談社現代新書」の刊行にあたって

教養は万人が身をもって養い創造すべきものであって、一部の専門家の占有物として、ただ一方的に人々の手もとに配布され伝達されうるものではありません。

しかし、不幸にしてわが国の現状では、教養の重要な養いとなるべき書物は、ほとんど講壇からの天下りや単なる解説に終始し、知識技術を真剣に希求する青少年・学生・一般民衆の根本的な疑問や興味は、けっして十分に答えられ、解きほぐされ、手引きされることがありません。万人の内奥から発した真正の教養への芽ばえが、こうして放置され、むなしく滅びさる運命にゆだねられているのです。

このことは、中・高校だけで教育をおわる人々の成長をはばんでいるだけでなく、大学に進んだり、インテリと目されたりする人々の精神力の健康さえもむしばみ、わが国の文化の実質をまことに脆弱なものにしています。単なる博識以上の根強い思索力・判断力、および確かな技術にささえられた教養を必要とする日本の将来にとって、これは真剣に憂慮されなければならない事態であるといわなければなりません。

わたしたちの「講談社現代新書」は、この事態の克服を意図して計画されたものです。これによってわたしたちは、講壇からの天下りでもなく、単なる解説書でもない、もっぱら万人の魂に生ずる初発的かつ根本的な問題をとらえ、掘り起こし、手引きし、しかも最新の知識への展望を万人に確立させる書物を、新しく世の中に送り出したいと念願しています。

わたしたちは、創業以来民衆を対象とする啓蒙の仕事に専心してきた講談社にとって、これこそもっともふさわしい課題であり、伝統ある出版社としての義務でもあると考えているのです。

一九六四年四月　野間省一